Q&Aでよくわかる！

見方・考え方を育てる パフォーマンス 評価

編著　西岡 加名恵・石井 英真

JN204046

明治図書

は じ め に

　2017年・2018年改訂学習指導要領（以下，特に高等学校に関する場合以外は，2017年改訂学習指導要領と記します）においては，①「知識・技能」，②「思考力・判断力・表現力等」，③「学びに向かう力・人間性等」という三つの柱で捉えられる「資質・能力」を育成するという方向性が示されました。

　また，「資質・能力」を強調することによって内容の理解が浅薄なものとならないようにするために，「各教科等の特質に応じた見方・考え方」を重視する方針が打ち出されています。あわせて，「資質・能力のバランスのとれた学習評価を行っていくためには，……論述やレポートの作成，発表，グループでの話合い，作品の制作等といった多様な活動に取り組ませるパフォーマンス評価などを取り入れ，……多面的・多角的な評価を行っていくことが必要」とされています（中央教育審議会「幼稚園，小学校，中学校，高等学校及び特別支援学校の学習指導要領等の改善及び必要な方策等について（答申）」2016年12月21日）。

　知識・技能を活用する力を評価するパフォーマンス評価については，2008年改訂学習指導要領において「思考力・判断力・表現力等」を重視する方針が打ち出されたころから，特に小・中学校において実践され始めてきました（西岡加名恵編著『「逆向き設計」で確かな学力を保障する』明治図書，2008年など）。学習指導要領の2017年改訂と軌を一にして高大接続改革が推進されるにつれ，現在は，高等学校においても本格的に注目されるようになってきています。

　本書の執筆者たちは，そのようにパフォーマンス評価の実践づくりに取り組もうとする学校の先生方との共同研究に取り組んだり，先生方に対して研修を提供したりしてきました。その中で，実践現場は異なっても，先生方が同じような疑問や悩みに直面されることに気づきました。本書は，そのような疑問や悩みに少しでもお答えしたい，という気持ちから生み出されたものです。

本書では，2017年改訂学習指導要領とパフォーマンス評価の関係を解説するとともに，「見方・考え方」を育てるためのパフォーマンス課題の作り方，評価基準であるルーブリックの作り方や活かし方，授業づくりのポイント，各教科での実践の進め方を紹介しています。さらに，特別なニーズのある子どもの教育，ICT活用，「総合的な学習（探究）の時間」，カリキュラム・マネジメント，入試・キャリア教育とパフォーマンス評価の関係についても，説明しています。

　それぞれの章では，学校の先生方から頻繁に問いかけられる質問に即して内容を整理しました。読者には，最初から読み進めていただいてもよいですし，ご関心のあるところから読んでいただいても構いません。本書が先生方の実践づくりの一助となれば幸いです。

　本書でご提案している内容の大半は，私たち自身が様々な学校現場で，実践づくりに取り組む先生方からお教えいただいたことです。共同研究にご協力くださった先生方，研修の場で貴重な質問を投げかけてくださった先生方に，この場をお借りして厚く御礼申し上げます。

　また，本書の出版にあたっては，姉妹編である『「資質・能力」を育てるパフォーマンス評価——アクティブ・ラーニングをどう充実させるか』（明治図書，2016年）に引き続き，企画から刊行に至るまで，明治図書の及川誠氏・西浦実夏氏から多大なご支援をいただきました。心より感謝申し上げます。

　なお，本書の内容は，日本学術振興会科学研究費補助金基盤研究(B)「パフォーマンス評価を活かしたカリキュラム・マネジメントの改善方略」（課題番号：18H00976，平成30〜34年度，研究代表者：西岡加名恵）の助成を受けた研究成果を踏まえたものです。ここに記して感謝いたします。

2018年8月

西岡加名恵

Contents

はじめに

3 評価基準を明確にする！
ルーブリックの作り方，活かし方

❹ パフォーマンス課題を活かした 授業づくりのポイント

5　各教科におけるパフォーマンス課題, 授業づくりと評価

6　特別なニーズのある子どもと パフォーマンス評価―発達障害を中心に

7 ICT 活用とパフォーマンス評価

8 「総合的な学習（探究）の時間」と パフォーマンス評価

9 カリキュラム・マネジメントと パフォーマンス評価

10 入試・キャリア教育とパフォーマンス評価

「資質・能力」の育成と
パフォーマンス評価

第1章

― 1 ―

「資質・能力」を育成するとは どういうことですか？

A コンピテンシー・ベースの教育課程改革の世界的展開が背景にある

　2000年代を超えたあたりから，社会の変化に伴う学校への能力要求の変化を背景に，先進諸国の教育目標において，内容知識に加えて，教科固有，あるいは教科等横断的な，知的・社会的能力を明確化する動きが見られるようになってきました。そこでは，批判的思考，意思決定，問題解決，自己調整といった認知的スキルのみならず，非認知的な要素，すなわち，コミュニケーションや協働等の社会的スキル，自律性，協調性，責任感等の人格特性・態度も挙げられています。そしてそれは，初等・中等教育から高等教育，職業教育にわたって，共通に見られる傾向です。

　日本でも，初等・中等教育においては，2004年の PISA ショック以降，PISA リテラシーを意識して，知識・技能を活用して課題を解決する思考力・判断力・表現力等の育成に重点が置かれるようになりました。また，高等教育でも，「学士力」や「社会人基礎力」といった形で，汎用的スキルの重要性が提起されました。そして，2017年改訂の学習指導要領で内容のみならず教科等横断的な資質・能力の育成が強調されるなど，教育課程編成とその評価において，内容ベースからコンピテンシー・ベース，資質・能力ベースへとシフトする動きが本格的に進もうとしているのです。

A 社会で求められる実力とのつながりで学力の中身を問い直す

　「コンピテンシー（competency）」とは，社会で求められる実力（職業上の実力や人生における成功を予測する，社会的スキルや動機や人格特性も含めた包括的な資質・能力）のことです。企業が人を採用する段階で，学歴や知識があっても，面接などをしてみて社会性や粘り強さの有無を見ないと，

その人が将来成功するかどうかが見えないといった具合です。コンピテンシー概念が強調される中で，非認知的能力の重要性が叫ばれている理由もそこにあります。

　コンピテンシー・ベースのカリキュラムを目指すということは，社会が求める「実力」との関係で，学校の役割を，学校で育てる「学力」の中身を問い直すことを意味します。コンピテンシー・ベースを目指す中で，日本において「資質・能力」がキーワードとなっているのは，一般に「学力」概念が，教科内容に即して形成される認知的な能力に限定して捉えられがちであるのに対して，教科等横断的な視野をもって，そして，非認知的要素も含んで，学校で育成すべきものの中身を広げていこうという志向性を表しています。

　学習指導要領改訂に向けた議論においては，教科等横断的で汎用的な資質・能力をより意識的・直接的に育成すべく，学習指導要領のレベルで，各教科の知識・技能（例：一次関数，二次関数など）や思考の方法（例：関数的な見方，数学的活動など）に加えて，汎用的スキル（例：問題解決，批判的思考，コミュニケーション，メタ認知など）を明示しようとする動きも見られました。しかし，こうして汎用的スキルを実体化して直接的に指導する方法は，内容を伴わない形式的なスキル指導や授業過程の煩雑化に陥りがちです。

　最終的には，総則において，汎用的スキルは明示されず，各学校において各教科等の特質を活かし，教科等横断的な視点から教育課程の編成を図ることが強調されるにとどまりました。汎用的スキルとして挙げられているような資質・能力を実質的に育成していくには，結果として汎用的スキルに届くようなダイナミックで豊かな教科学習を創っていく発想が肝要です。学びのプロセスをより協働的なものにしたり，問いと答えの間をより長いものにしたりと，ダイナミックで豊かなものへと教科学習のあり方をバージョンアップしていく。これにより，結果として汎用的スキルとして挙げられている要素が盛り込まれるような学びを創っていくわけです。

（石井　英真）

「資質・能力」の育成とパフォーマンス評価

―2―

パフォーマンス評価とは
どのような評価方法ですか？

思考する必然性のある文脈で子どもの高次の学力を評価する

「パフォーマンス評価（performance assessment）」とは，一般的には，思考する必然性のある場面（文脈）で生み出される子どもの振る舞いや作品（パフォーマンス）を手がかりに，概念の意味理解や知識・技能の総合的な活用力を質的に評価する方法です。それは狭義には，現実的で真実味のある（「真正な（authentic）」）場面を設定するなど，子どものパフォーマンスを引き出し実力を試す課題（パフォーマンス課題）を設計し，それに対する活動のプロセスや成果物を評価する，「パフォーマンス課題に基づく評価」を意味します。パフォーマンス課題の例としては，町主催のセレモニーの企画案を町の職員に提案する社会科の課題，あるいは，栄養士になったつもりで食事制限の必要な人の献立表を作成する家庭科の課題などが挙げられます。

またパフォーマンス評価と言う場合，広義には，授業中の発言や行動，ノートの記述から，子どもの日々の学習活動のプロセスをインフォーマルに形成的に評価するなど，「パフォーマンス（表現）に基づく評価」を意味します。「総合的な学習（探究）の時間」の評価方法としてしばしば使用されるポートフォリオ評価法も，パフォーマンス評価の一種です。

テストをはじめとする従来型の評価方法では，評価の方法とタイミングを固定して，そこから捉えられるもののみ評価してきました。これに対しパフォーマンス評価は，課題，プロセス，ポートフォリオ等における表現を手がかりに，子どもが実力を発揮している場面に評価のタイミングや方法を合わせるものと言えます。深く豊かに思考する活動を生み出しつつ，その思考のプロセスや成果を表現する機会を盛り込み，思考の表現を質的エビデンスとして評価していくのがパフォーマンス評価です（授業や学習に埋め込まれた

評価）。なお，パフォーマンスの質（熟達度）を判断する評価指針（成功の度合いを示す３〜５段階程度の尺度と，各段階の認識や行為の質的特徴の記述語や典型的な作品例を示した評価基準表）をルーブリックと言います。

A 評価の文脈の真正性と学力の質を追求する

　パフォーマンス評価においては，評価の文脈の真正性が重視されます（「真正の評価（authentic assessment）」の考え方）。たとえば，ドリブルやシュートの練習（ドリル）がうまいからといってバスケットボールの試合（ゲーム）で上手にプレイできるとは限りません。ところが，従来の学校教育では，子どもたちはドリル（知識・技能の訓練）ばかりして，ゲーム（学校外や将来の生活で遭遇する本物の，あるいは本物のエッセンスを保持した活動：「真正の学習」）を知らずに学校を去ることになってしまっています。近年の心理学は，学習の転移はある程度文脈が近くないと生じないことを明らかにしています。学校での学習の文脈が現実世界の文脈とかけ離れているために，学校でしか通用しない知識や学力になっているというわけです。

　ある教科内容に関する学びの深さ（学力の質的レベル）は，次の三層で捉えられます。個別の知識・技能の習得状況を問う「知っている・できる」レベルの課題（例：穴埋め問題で「母集団」「標本平均」等の用語を答える）が解けるからといって，概念の意味理解を問う「わかる」レベルの課題（例：「ある食品会社で製造したお菓子の品質」等の調査場面が示され，全数調査と標本調査のどちらが適当かを判断し，その理由を答える）が解けるとは限りません。さらに，「わかる」レベルの課題が解けるからといって，実生活・実社会の文脈における知識・技能の総合的な活用力を問う「使える」レベルの課題（例：広島市の軽自動車台数を推定する調査計画を立てる）が解けるとは限りません。スポーツでも運転でも上手に実践できるかどうかは実際にやらせてみないとわからないように，パフォーマンス評価は，「真正の学習」を創り出しながら，「使える」レベルの学力を評価するものなのです。　　　　　　　　　　　　　　　　　　　　　　　　　　　（石井　英真）

―3―

パフォーマンス課題と他の評価方法との違いは何ですか？

パフォーマンス課題とは，様々な知識やスキルを総合して使いこなすことを求める複雑な課題である

パフォーマンス課題とは，様々な知識やスキルを総合して使いこなすことを求めるような複雑な課題を言います。具体的には，レポートや絵画など，まとまった作品を求めるような課題や，プレゼンテーションや実験の実演など，一連のプロセスの実演を求める課題が当てはまります。

次ページの図1－1に示したように，評価方法は，単純なものから複雑なものまで様々あります。パフォーマンス課題は，図中で最も複雑なものとして位置づけられていますが，どの程度複雑であればパフォーマンス課題と言えるのかというはっきりとした区分があるわけではありません。その学年の子どもたちにとって挑戦的なレベルの複雑な思考・判断を求めるような課題であれば，パフォーマンス課題と言ってよいでしょう。

パフォーマンス課題は，B問題よりも複雑な問題。言語活動を求める場合もある

知識・技能を活用するような思考力・判断力・表現力等が強調されるようになったきっかけは，PISAの2003年調査において，日本の子どもたちの読解力がOECD参加国の平均程度まで低下した，という結果が出たことでした。このPISAショックを背景として，2007年度から開始された全国学力・学習状況調査では，PISAの問題を模して，知識・技能を活用する力を測るようなB問題が出題されることとなりました。また，2008年改訂学習指導要領では，各教科等における言語活動の充実が目指されました。

B問題とパフォーマンス課題は，知識やスキルを活用する力を評価しようとしている点では，共通性が見られます。しかしながら，B問題は，自由記述式の筆記テストの問題であるのに対し，パフォーマンス課題は，さらに複

雑な作品づくりを求めるものと言えるでしょう。

　一方，言語活動は，学習活動として行われるものです。たとえば，「事実や意見を相手に伝える」，「話し合って，考えを発展させる」といった言語活動を評価課題として位置づければ，パフォーマンス課題となる場合も少なくありません。ただし，パフォーマンス課題は，必ずしも言語による表現を求めるものとは限りません。パフォーマンス課題には，彫刻や演奏などの芸術的な表現や，バスケットボールの試合などの身体的な表現を求めるような課題も含まれるのです。

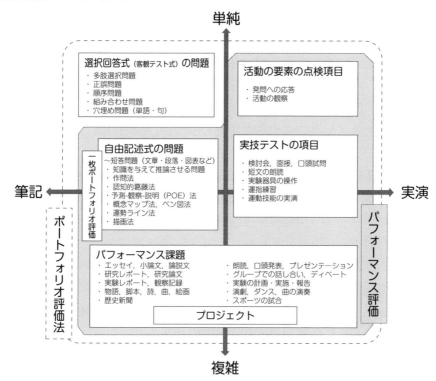

図 1 − 1　学力評価の様々な方法

（西岡加名恵『教科と総合学習のカリキュラム設計』図書文化，2016年，p.83）

（西岡加名恵）

—4—

Q 「見方・考え方」とパフォーマンス課題はどのように関係していますか？

A 「見方・考え方」は「本質的な問い」に対応している

2017年改訂学習指導要領においては，「主体的・対話的で深い学び」（いわゆるアクティブ・ラーニング）を通して「資質・能力」を育成するという方針が打ち出されています。この方針については，グローバル化や ICT の革新などの変化が激しい社会において必要とされる力を育成することが期待される反面，身につけさせるべき教科内容を保障できるのかという疑問の声も聞かれます。そのような問題を克服するために，重視されているのが，「各教科等の特質に応じた物事を捉える視点や考え方」，すなわち「どのような視点で物事を捉え，どのような考え方で思考していくのか」に関する「見方・考え方」を育てることです。

学習指導要領の2017年改訂について議論した中央教育審議会に先だって設置された「育成すべき資質・能力を踏まえた教育目標・内容と評価の在り方に関する検討会」の「論点整理【主なポイント】」（2014年3月31日）では，教科等ならではの「見方・考え方」について，「エネルギーとは何か。電気とは何か。どのような性質を持っているのか」のような「教科等の本質に関わる問いに答えるためのものの見方・考え方」という説明がなされています。この説明が示すように，「見方・考え方」は，教科等の「本質的な問い」に対応するものとして位置づけられています。

A パフォーマンス課題で「見方・考え方」を育てる

「本質的な問い」に対応する「見方・考え方」を育てるという提案の背景には，「逆向き設計」論の考え方があります（G. ウィギンズ・J. マクタイ著，西岡加名恵訳『理解をもたらすカリキュラム設計』日本標準，2012年）。「逆向さ設

計」論では，単元や年間指導計画を設計する際に，「求められている結果
（目標）」「承認できる証拠（評価方法）」「学習経験と指導（授業の進め方）」
を三位一体のものとして考えることが提唱されています。

「逆向き設計」論においては，図1－2のように，「知の構造」と評価方法
の対応が整理されています。図中の「本質的な問い」や，「原理や一般化」
についての「永続的理解」が，教科の「見方・考え方」に該当します。

各教科には，複数の単元で繰り返し問われるような，包括的な「本質的な
問い」が存在しています。たとえば，「どのように書けば／話し合えばよい
のか？」（国語科・英語科），「社会は，どのような要因で変わっていくの
か？」（社会科），「現実の問題を数学的に解決するには，どうすればよいの
か？」（算数・数学科），「科学的に探究するには，どうすればよいのか？」
（理科）といった問いです。

パフォーマンス課題は，包括的な「本質的な問い」を単元の教材に適用さ
せた単元の「本質的な問い」に対応して開発できます。「本質的な問い」に
対応するパフォーマンス課題をカリキュラムに取り入れることによって，教
科の「見方・考え方」を効果的に育てることができると言えるでしょう。

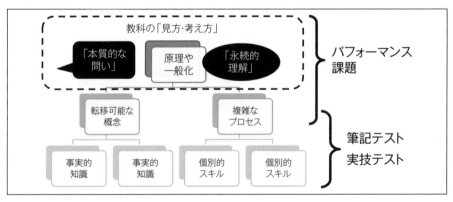

図1－2 「知の構造」と評価方法の対応

（西岡加名恵『教科と総合学習のカリキュラム設計』図書文化，2016年，p.82に一部加筆した）

（西岡加名恵）

— 5 —

パフォーマンス評価を用いた観点別評価はどのような形になりますか？

A 指導要録の観点と評価方法を対応させる

　学習指導要領の2017年改訂にあたっては，学力の三要素に対応させて，指導要録の観点別学習状況の評価について，「知識・技能」，「思考力・判断力・表現力等」，「主体的に学習に取り組む態度」という３つの観点を用いることが提案されています。「知識・理解」と「技能」が統合されて「知識・技能」となっています。これは「理解」を軽視したものではなく，むしろ「理解」がすべての観点に伴うものとして捉え直されたためです。知識や技能は，理解を伴って習得されるべきものです。また，思考力・判断力・表現力や態度は，深い理解と表裏一体のものと言えるでしょう。

　「主体的に学習に取り組む態度」については，「子供たちが自ら学習の目標を持ち，進め方を見直しながら学習を進め，その過程を評価して新たな学習につなげるといった，学習に関する自己調整を行いながら，粘り強く知識・技能を獲得したり思考・判断・表現しようとしたりしているかどうかという，意思的な側面を捉えて評価することが求められる」とされています。また，「複数の観点を一体的に見取ることも考えられる」とされています（中央教育審議会「幼稚園，小学校，中学校，高等学校及び特別支援学校の学習指導要領等の改善及び必要な方策等について（答申）」2016年12月21日）。

　この点を踏まえれば，「思考力・判断力・表現力等」と「主体的に学習に取り組む態度」については，パフォーマンス課題を用いて一体的に評価することが考えられます。リアルな状況において知識やスキルを総合して使いこなす際に，どのように思考・判断が働き，主体的な態度を伴って表現されるのかを評価しようとするのが，パフォーマンス課題です。一方，個々の要素として捉えられるような「知識・技能」が習得されているかどうかについて

は，筆記テストや実技テストを用いて評価するとよいでしょう。

A 学力評価計画を立てる

　2001年改訂指導要録において「目標に準拠した評価」が導入された折に，多くの学校や教育委員会が作成した学力評価計画においては，観点別に評価規準を列記する形が採用されていました。しかしながら，この方式では，どのような評価方法が用いられるのか，どのような水準の達成が期待されているのかが，明確にはなりません。

　そこで，ここでは，表1−1のように学力評価計画を立てることを提案しておきたいと思います。まず指導要録の各観点に対応させて，どのような評価方法を用いるのかを明確にします。次に，どの評価方法をどの単元で用いるかを決めます。パフォーマンス課題にはルーブリックを，筆記テストや実技テストにはチェックリストを，評価基準として用いることができます（評価基準の詳細は，第3章参照）。観点別の評価を一つの「評定」としてまとめる必要があれば，それぞれの評価方法に割り当てる配点を設定すればよいでしょう。

表1−1　学力評価計画の立て方の例（筆者作成）

観点	評価方法	単元1	単元2	・・・	単元X	単元Y
主体的に学習に取り組む態度	パフォーマンス課題		○	・・・		◎
思考力・判断力・表現力等						
知識・技能	筆記テスト／実技テスト	◎	◎	・・・	◎	◎

※○が指導する観点，◎が成績づけに入れる観点を示す。

（西岡加名恵）

― 6 ―

ポートフォリオ評価法とは
どのような評価方法ですか？

ポートフォリオとは，子どもの作品集である

　ポートフォリオとは，子どもの作品や自己評価の記録，教師の指導と評価の記録などを，ファイルや箱などに系統的に蓄積・整理していくものです。また，ポートフォリオ評価法とは，そのようなポートフォリオを子どもに作らせることによって，子どもの自己評価力を育むとともに，教師も子どもの学習をより幅広く，深く評価しようとするアプローチです。

資料1−1　ポートフォリオの例

（宮本浩子先生提供。宮本浩子ほか『総合と教科の確かな学力を育むポートフォリオ評価法　実践編』日本標準，2004年参照）

ポートフォリオは，多様な場面で活用できる

　日本においてポートフォリオは，「総合的な学習の時間」の導入を機に普及しました。子どもたちが自ら課題を設定し，探究的な学習を行う「総合的な学習の時間」においては，従来，評価といえばイメージされていたような筆記テストを実施するのが不可能だったからです。

　しかしながら，本来，ポートフォリオは，教科教育やキャリア教育など，多様な場面で活用することができます。ポートフォリオについては，収める資料やその評価規準（基準）について，①教師があらかじめ決定するタイプ，

②教師と子どもが交渉しながら決めていくタイプ，③子どもが決定するタイプがあります。したがって目的に応じて，どのタイプを用いるのかを選ぶ必要があります。「総合的な学習の時間」においては，通常②のタイプが用いられます。しかし，教科教育において「目標に準拠した評価」を行うためには，①のタイプを使う方が適しているでしょう。海外では，②のタイプが，資格取得のために用いられる例もあります。③のタイプのポートフォリオは，子どものこだわりや長所を反映するものとなるため，キャリア教育で用いるのに有効です。

A ポートフォリオ評価法を進める際には，３つのポイントがある

　いずれのタイプのポートフォリオを用いるにせよ，ポートフォリオ評価法において押さえておくべき指導のポイントとしては，次の３点があります。

　第一に，子どもと教師の間で，見通しを共有することです。ポートフォリオをなぜ作るのか，意義は何か，何を残すのか，いつ，どのぐらいの期間をかけて作るのか，どう活用するのかといった点について，共通理解した上で取り組み始めることが重要です。

　第二に，蓄積した作品を編集する機会を設けることです。日常的にためておいた資料から重要なものだけを選び出す，資料を整理して目次を作り，「はじめに」と「おわりに」などを書くといった作業が考えられます。

　第三に，定期的に，ポートフォリオ検討会を行うことが重要です。ポートフォリオ検討会とは，子どもと教師やその他の関係者がポートフォリオを用いつつ学習の状況について話し合う場を意味しています。検討会において，教師は，「これまでに取り組んだ中で，達成できたことは何？」「今，困っていることは何？」といった問いを投げかけます。また，子どもたちの語りに耳を傾けた上で，必要なアドバイスを行います。ポートフォリオに残された資料を使いつつ，このような対話を行うことによって，子どもは，自分の到達点と課題を確認し，その後の見通しをもつことができるようになるのです。

（西岡加名恵）

━7━

アクティブ・ラーニングと パフォーマンス評価は どのように関係しているのですか？

A アクティブ・ラーニングを通して資質・能力の三つの柱を育成する

2016年12月に出た中央教育審議会答申では，資質・能力の三つの柱とアクティブ・ラーニングの3つの視点という枠組みが提起されています。まず，2017年改訂学習指導要領は，育成すべき資質・能力を三つの柱（生きて働く「知識・技能」の習得，未知の状況にも対応できる「思考力・判断力・表現力等」の育成，学びを人生や社会に生かそうとする「学びに向かう力・人間性等」の涵養）で整理しています。また，アクティブ・ラーニングについて，特定の型ではなく，授業や学びのあり方を改善していく視点として理解すべきとし，主体的な学び，対話的な学び，深い学びの3つを挙げています。

A パフォーマンス評価で対象世界との深い対話を促す

学習活動は何らかの形で，対象世界・他者・自己の3つの軸での対話を含みます。アクティブ・ラーニングの3つの視点は，この学習活動の三軸構造に対応するもの（対象世界とのより深い学び，他者とのより対話的な学び，自己を見つめるより主体的な学び）として捉えることができるでしょう。そして，資質・能力の三つの柱は，学校教育法が定める学力の三要素それぞれについて，「使える」レベルのものへ，すなわち，生きて働く知識・スキル・態度へとバージョンアップを図るものとして読むことができます（表1−2）。

資質・能力の三つの柱については，知識・技能以上に思考力・判断力・表現力等や主体的態度を重視するものと捉えると，内容の学び深めとは無関係な関心・意欲・態度の重視（態度主義）に陥りかねません。また，アクティブ・ラーニングの3つの視点については，主体的・対話的であることのみが強調され，深い学び，すなわち対象世界との対話を促す視点が弱くなりがち

表1－2　教科の学力・学習の三層構造と資質・能力の要素

学力・学習活動の階層レベル（カリキュラムの構造）	資質・能力の要素（目標の柱）			
	知識	スキル		情意（関心・意欲・態度・人格特性）
		認知的スキル	社会的スキル	
教科の枠付けの中での学習　知識の獲得と定着（知っている・できる）	事実的知識, 技能（個別的スキル）	記憶と再生, 機械的実行と自動化	学び合い, 知識の共同構築	達成による自己効力感
知識の意味理解と洗練（わかる）	概念的知識, 方略（複合的プロセス）	解釈, 関連付け, 構造化, 比較・分類, 帰納的・演繹的推論		内容の価値に即した内発的動機, 教科への関心・意欲
知識の有意味な使用と創造（使える）	見方・考え方（原理, 方法論）を軸とした領域固有の知識の複合体	知的問題解決, 意思決定, 仮説的推論を含む証明・実験・調査, 知やモノの創発, 美的表現（批判的思考や創造的思考が関わる）	プロジェクトベースの対話（コミュニケーション）と協働	活動の社会的レリバンスに即した内発的動機, 教科観・教科学習観（知的性向・態度・思考の習慣）

（石井英真『今求められる学力と学びとは』日本標準, 2015年から一部抜粋）

なために, 活動主義に陥ることが危惧されます。「社会に開かれた教育課程」, いわば各教科における「真正の学習」を目指す方向で, 対話的な学びと主体的な学びを, 対象世界の理解に向かう深い学びと切り離さずに, 統合的に追求していくことが重要です。

　こうしてアクティブ・ラーニングを通じて育成される資質・能力は, 知識・技能の習得状況とは異なり, ペーパーテストのみで評価することはできません。またそれは, そうした資質・能力が統合的に発揮される場面において評価される必要があります。パフォーマンス評価は, 「真正の学習」を生み出しつつ, 「使える」レベルの学力としての資質・能力の三つの柱を統合的に評価するものです。またそれは, 思考する必然性を重視することで, 対象世界との深い対話を促しうるのです。　　　　　　　　（石井　英真）

「資質・能力」の育成とパフォーマンス評価

—8—

パフォーマンス評価を用いる メリットは何ですか？

A 現代社会が求める「正解のない問題」に対応する力を育む

グローバル社会，知識基盤社会，成熟社会等と呼ばれ，個別化・流動化が加速する現代社会（ポスト近代社会）において，また，AIの進歩により人間にしかできないことや人間らしさとは何かが問われる中で，学校は，知識・技能を量的に保障するだけでなく，生活者，労働者，市民として，他者と協働しながら「正解のない問題」に対応する力や，生涯にわたって学び続ける力など，高度で汎用的な知的能力や，異質な他者とのコミュニケーション能力といった学力の質の追求をも求められるようになっています。

現代社会が求める「正解のない問題」に対応する力について，正解のある問題なら誰かに正解を教えてもらえばよいですが，正解のない問題においては，納得解や最適解を自分たちで創っていかねばなりません。そして，最適解を創る力は実際にそれを他者とともに創る経験なしには育ちません。思考力，判断力，表現力，コミュニケーション能力，実践力等，「○○力」は，思考する，判断する，表現する，コミュニケーションする，実践するといった具合に，いずれも動詞で表すことができます。そして，そうした動詞で表されるものは，たとえば，いくらテニスの指南書を読んでも実際にテニスをしなければテニスが上手にならないように，さらに言えば，技の学習一般がそうであるように，実際にやってみないと伸びないのです。

このような背景から，正解を教わることを軸にした内容ベースのカリキュラムから，最適解を他者とともに創っていくことをより重視する資質・能力ベースのカリキュラムへの転換が進行しており，評価についても，知識・技能を使いこなせるかどうかを実際にそういう活動をやらせてみて評価するパフォーマンス評価が重視されるようになっているのです。

A 目の前の子どもたちにとって有意義な学びを創造する

　現代社会をよりよく生きていくための資質・能力を育成する上で，学校において「真正の学習」を組織していくことが重要となります。「真正の学習」の必要性は，変化する社会から学校への能力要求に応えるという，学校や教室の外側からの要請によるものであるだけでなく，目の前の子どもたちの求めに応えるものという点も認識しておく必要があるでしょう。

　学ぶ意義も感じられず，教科の本質的な楽しさにも触れられないまま，多くの子どもたちが，教科やその背後にある世界や文化への興味を失い，学校学習に背を向けていっています。社会科嫌いが社会嫌いを，国語科嫌いがことば嫌い，本嫌いを生み出しています。教科の内容と生活とのつながりや教科の本質を重視する「真正の学習」の追求は，目の前の子どもたちの有意義な学びへの要求に応えるものなのです。

　ただし，有意義な学びの重視は，教科における実用や応用の重視とイコールではありません。教科の知識・技能が日常生活で役立っていることを実感することのみならず，知的な発見や創造の面白さに触れることも学びの意義の回復につながります。よって，教科における「真正の学習」の追求は，「教科の内容を学ぶ（learn about a subject）」授業と対比されるところの，「教科する（do a subject）」授業（知識・技能が実生活で活かされている場面や，その領域の専門家が知を探究する過程を追体験し，「教科の本質」を共に「深め合う」授業）を創造することと理解すべきでしょう。多くの授業で教師が奪ってしまっている各教科の一番本質的かつ魅力的なプロセスを，子どもたちにゆだねていく。ここ一番のタイミングでポイントを絞ってグループ学習などを導入していくことで，主体的・対話的で深い学びとしてのアクティブ・ラーニング（AL）は，ただアクティブであることを超えて「教科する」授業となっていくのです。パフォーマンス課題を設計することは，有意義な学びを生み出すことを意味するのです。

（石井　英真）

「見方・考え方」の育ちを捉える！
パフォーマンス課題の作り方

第2章

— **1** —

パフォーマンス課題とは
どのようなものですか？

パフォーマンス課題とは，子どもが様々な知識やスキルを総合して使いこなすことを求めるような課題のことです。図１−１（第１章Q３参照）にあるように，パフォーマンス評価の中でも，より複雑な評価方法として位置づけられています。子どもが生み出す作品は，レポートや論文，ポスターといった筆記を求めるものや，プレゼンテーションやディベート，演劇，演奏といった実演を求めるものなど，多岐にわたります。また，作品が完成する前後でも，様々なパフォーマンスを求めることができます。以下では，どのような課題が考えられてきたのか，その一端を見てみましょう。

A 筆記を求める課題と実演を求める課題がある

筆記を求める課題としては，政治学者として平和に関する提言レポートを作成する課題（中学校社会科）（資料２−１参照）や，自分たちが働く20年後の人口ピラミッドから未来の社会の姿を予想し新聞としてまとめる課題（小学校算数科），健康的で快適に住む方法を提案するための住まい方パンフレットを作成する課題（小学校家庭科）といったものが考えられています。

実演を求める課題としては，自分の夢や研修旅行などについてプレゼンテーションを行う課題（高等学校英語科）や，ハードル走での課題克服のための練習方法を発表する課題（小学校体育科），学校紹介ビデオのBGMを作曲する課題（中学校音楽科）といったものが考えられています。

ただし，筆記を求める課題と実演を求める課題の区別は便宜的なもので，どちらの要素も取り入れた課題を考えることもできます。たとえば，筆記によって生み出された作品を，単に評価対象とするだけではなく，作品をもとにしてプレゼンテーションやディベートなどを行うことで，より包括的な課題を設定することができるでしょう。

作品の完成のために求められるパフォーマンス

A

作品を完成するためには，授業の中で，子どもが考えたことを表現したり，他の子どもと考えを交流したりする機会を計画的に設けることが有効です。グループやクラス全体で，討論会やディベートといった形式の話し合いを授業に取り入れることで，子どもは説得力のある論じ方や，資料の効果的な活用の仕方，多角的なものの見方などを学び，より質の高い作品を生み出すことへとつながります。

（本宮裕示郎）

資料２－１　筆記を求める課題の作品例

（三藤あさみ・西岡加名恵『パフォーマンス評価にどう取り組むか』日本標準，2010年，p.26より引用）

資料２－２　完成作品の発表を行う様子

資料２－３　完成に向けて話し合いを行う様子

（西岡加名恵『教科と総合学習のカリキュラム設計』図書文化，2016年，p.135より引用）

「見方・考え方」の育ちを捉える！　パフォーマンス課題の作り方

2

パフォーマンス課題は どのような単元で用いるのが 適していますか？

A 単元のサイズから考える

　すべての単元でパフォーマンス課題を設定しなくてはならないということではありません。単元が小さすぎる場合は，様々な知識やスキルを総合することは難しくなります。まずは，教科書全体を眺めてみて，子どもに身につけさせたい特に重要な概念とは何かを考えてみてください。その際には，複数の単元を一つのまとまりで捉え，そのまとまり全体でつかませたい概念とは何かを問うとよいでしょう。たとえば，小学校算数科のかけ算九九は，各段が複数の単元に分かれており，一つの単元でパフォーマンス課題を設定することは困難です。また，九九が含まれる単元を一つのまとまりで捉えたとしても，暗記や暗唱だけが目指されれば，知識やスキルの定着にとどまり，パフォーマンス課題に適しているとは言えません。つまり，子どもが九九を使いこなしているかどうかという観点から，九九の前後にある「たし算・ひき算のひっ算」や「3桁・4桁の数」といった単元を視野に入れて，パフォーマンス課題を設定する単元を選定する必要があります。このように考えると，パフォーマンス課題を設定できる回数は一年間で2～3回程度となります。

A 「知の構造」と対応させて考える

　単元の内容がパフォーマンス課題に適しているかどうかは，「知の構造」と関連づけて考えることもその判断の助けになります。「逆向き設計」論では，図1-2（第1章Q4参照）にあるように，「知の構造」と評価方法が対応すると考えられています。この図の中で，最も低次には，「事実的知識」と「個別的スキル」があります。たとえば，理科であれば，「事実的知識」には，個々の化学記号や金属の名前などが該当し，「個別的スキル」には，

棒グラフの読み取りや実験器具（ガスバーナーなど）の操作などが該当します。より高次の知識とスキルには、「転移可能な概念」と「複雑なプロセス」があります。「転移可能な概念」には、有機物や無機物の性質などが該当し、「複雑なプロセス」には、仮説を立てることや実験結果の記録・考察などが該当します。これらは、「事実的知識」と「個別的スキル」に比べて、様々な文脈で活用できるという点において、より重要な知識とスキルとされます。最も高次には、「転移可能な概念」と「複雑なプロセス」を使いこなすことで至る「原理や一般化」（「永続的理解」）があります。「原理や一般化」としては、「すべての物質は分子（または原子）と呼ばれる粒子から構成されており、それぞれ固有の性質をもっている。その性質を利用して、物質を識別する実験を行うことができる」といったものが考えられます。

　「知の構造」においては、より高次になるにつれて、それぞれの知識とスキルを単に覚えるだけではなく、それらの意味や役割を知り、その上で、それらを活用すること、さらには、活用すべきときと活用すべきではないときの判断を行うこと、言い換えれば、「思考力・判断力・表現力」として現実的な状況の中で使いこなせるようになることが求められています。そのため、パフォーマンス課題については、「原理や一般化」に焦点を合わせて考えることが有効であり、単元のねらいが知識やスキルの定着にあるのか、それともそれらの活用にあるのかを見定めることが、その単元がパフォーマンス課題に適しているかどうかの判断につながります。

　ただし、単元のねらい自体は教師の意図によってその内容が左右されるため、ある単元であれば必ずパフォーマンス課題に適しているというわけではありません。たとえば、先に挙げた九九の場合、暗記・暗唱のみが意図されていれば、知識・スキルの定着にとどまりますが、「九九とは何か」「九九はなぜ発明されたのか」「九九はどのように役立つのか」といったように、子どもが九九の意味や役割について問うことが意図されていれば、九九においてもパフォーマンス課題を設定することが可能になると言えるでしょう。

（本宮裕示郎）

── 3 ──

パフォーマンス課題で評価すべき重点目標をどのように見極めればよいですか？

A 現実と理想に即して見極める

　まずは，子どもの実際の姿から考える方向と学習指導要領や国立教育政策研究所が提示している「評価規準」から考える方向，という2つの方向から重点目標を見極めていくことができます。前者の方向であれば，これまでの指導経験を振り返って，この単元で子どもにつかませたいことは何か，また，どういうつまずきが想定され，それらをどのように乗り越えさせたいのか，といったことを問うことで，単元のねらいが明確になるでしょう。後者の方向であれば，学習指導要領のキーワードに着目したり，「評価規準」のそれぞれの観点で共通して使われている文言に着目したりすることが有効です。

A 「本質的な問い」の入れ子構造を意識する

　重点目標は単元だけではなく，教科や領域においても中核部分であることが求められ，それを見極めることは容易ではありません。単元だけに着目すると，教科や領域といったより包括的な視点が失われ，子どもは単元を超えた関連づけを行うことが難しくなるでしょう。その一方で，教科や領域のみを意識すると，単元の固有性が失われ，そのねらいが曖昧なものとなり，結果的に「活動あって学びなし」になりかねません。

　どちらの状況にも陥らないためには，「本質的な問い」を明確にすることが有効です。「本質的な問い」とは，学問の中核に位置する問いであると同時に，生活との関連から「だから何なのか」が見えてくるような問いです。それは，通常，一問一答では答えられないような問いであり，論争的で探究を触発するような問いです。「本質的な問い」を問うことによって，個々の知識やスキルが関連づけられ総合されて「永続的理解」へと至ることができ

ます。

　「本質的な問い」は，学習領域に応じて，単元の具体的な教材に即して設定されるもの（単元ごとの「本質的な問い」）と，教科や領域に対応する，より一般的なもの（包括的な「本質的な問い」）に分けられます。この2種類の「本質的な問い」は，カリキュラムにおいては入れ子状に存在しています。図2−1で示したように，たとえば，英語科であれば，「英語で自己表現するには，どうすればよいのか？」という問いは，包括的な「本質的な問い」に該当し，「自分の尊敬する人を，どのように紹介すればよいのか？」という問いは，単元ごとの「本質的な問い」に該当します。つまり，包括的な「本質的な問い」と単元ごとの「本質的な問い」を往還させながら共に問うことで，単元を超えて繰り返し発揮されるべき能力や，単元を全体として捉えたときに把握させたい内容が明確になります。言い換えれば，「本質的な問い」によって，「見方・考え方」を教科・領域・単元という異なる3つの次元から捉えることが可能になるのです。

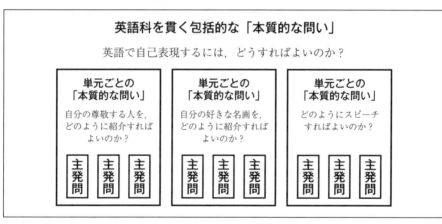

図2−1　「本質的な問い」の入れ子構造

（西岡加名恵ほか編著『パフォーマンス評価で生徒の「資質・能力」を育てる』学事出版，2017年，pp.14-15をもとに筆者作成）

（本宮裕示郎）

— 4 —

パフォーマンス課題のアイデアは どのように考えればよいですか？

課題を作る際には，学習内容が転移して用いられる場面や，教科の背景にある学問での探究のあり方を想定してみるとよいです。その足がかりとして，まずは，シナリオの舞台を設定することが有効です。舞台を設定することで，パフォーマンス課題全体が方向づけられ，シナリオの肉づけが容易になります。設定される舞台は，子どもにとって切実なもの，現代社会において求められるもの，学問の本質に即したもの，という3つに大きく分けられます。

A 子どもにとっての切実性を考慮する

子どもにとって切実な課題を設定すると，表2－1の例のように，学校や教室といった学校生活に即した舞台を設定することになります。

表2－1　小学校算数科の実践例

おもしろ科学実験＆工作を保護者が企画しているのですが，理科室と理科室前の廊下のどちらで行うか迷っています。たくさんの人が入る広い場所で行いたいそうです。どちらが広いかを求めて，保護者に提案しましょう。

（田中耕治編著『パフォーマンス評価』ぎょうせい，2011年，pp.70-71を一部修正して引用）

A 現代社会で求められる状況を考慮する

大人が現代社会で実際に直面する課題をパフォーマンス課題とする場合，表2－2の例のように，職業や職種に応じた舞台を設定することになります。

表2－2　小学校国語科の実践例

あなたたちは，この町の役場の人です。この町を誰もが暮らしやすい町にするために，2週間後に「わがまち　ビフォーアフター　プロジェクト」を立ち上げ

るこ
とになりました。この町で多くの人が困っていると思われる場所をどのよう
に改善できるか，ポスターセッションをした中で一番理解が得られた提案をプロ
ジェクトの企画案にします。現状写真と改善デザイン画を提示しながら，自分の
提案について町の人に理解が得られるようにアピールしてください。

（足立素子先生による実践。八田幸恵「E. FORUM スタンダード（第 1 次案）」http://e-forum.educ.
kyoto-u.ac.jp/seika/ より引用）

　どちらの舞台を設定したとしても，もう一方の舞台と関連づけて考えるこ
とが必要です。子どもの切実性だけを考慮して，子どもの注意をひくことば
かりに気をとられると，目指すべき教育目標との間にずれが生じてしまいま
す。逆に，現代社会から求められる点だけを考慮すれば，子どもの実態が抜
け落ち，難度の高すぎる課題や子どものやる気が起きない課題になります。
そうならないために，真正性，妥当性，レリバンス，レディネスという条件
（第 2 章Ｑ 5 参照）を満たしているかどうかを検討することが重要です。

Ａ　学問の本質を考慮する

　「活動あって学びなし」とならないためには，教科の本質に即しているこ
とが不可欠です。そこで，学問での探究で必要となる思考プロセスを強調す
るために，学問の本質に即した舞台を設定することも有効です。表 2 － 3 の
例では，子どもが歴史家の思考プロセスを追体験できます。

表 2 － 3　中学校社会科歴史的分野の課題例

　あなたは，貝塚を専門に研究している考古学者です。千葉市の貝塚から出土し
た動物の骨が考古学者の間で大変な議論を呼び起こしました。犬以外の動物は，
頭蓋骨なら頭蓋骨，足の骨なら足の骨，といったように，どれもバラバラに折ら
れたり，割られたりした状態で見つかったのですが，犬だけは完全な姿の遺体で
見つかったからです。なぜこのようなことが起きたのでしょうか？　学会発表用
のポスターを作り，他の考古学者を納得させてください。

（加藤公明『わくわく論争！考える日本史授業』地歴社，1991年，pp.17-35をもとに筆者作成）

（本宮裕示郎）

037

— 5 —

パフォーマンス課題のシナリオは どのように作ればよいですか？

A シナリオに6つの要素を織り込む

　「逆向き設計」論では，パフォーマンス課題のシナリオに，GRASPS と略記される6つの要素（西岡加名恵によって，「なやんだナ，アアそうか」と日本語に翻案されています）を織り込むことが推奨されています。6つの要素を織り込むことで，学習者にとって「何をどのように作るのか・行うのか」が明確で，かつリアルなシナリオを考案できます。本章Q4で挙げた小学校国語科の実践例では，6つの要素が次のように織り込まれています。

表2-4　GRASPS と実践例の対応

な──何がパフォーマンスの目的（Goal）か？ 　（例）一番理解が得られる企画案を提示する。
やン─（学習者が担う，またはシミュレーションする）役割（Role）は何か？ 　（例）町役場の役人
だナ─誰が相手（Audience）か？ 　（例）町の住民
アア
そ──想定されている状況（Situation）は？ 　（例）誰もが暮らしやすい町にするためにプロジェクトを立ち上げる。
う──生み出すべき作品（完成作品・実演：Product, Performance）は何か？ 　（例）現状写真と改善デザイン画を含むポスターセッション
か──（評価の）観点（成功のスタンダードや規準：Standards and criteria for success）は？ 　（例）町の人に理解が得られるようにアピールする力

（西岡加名恵編著『「資質・能力」を育てるパフォーマンス評価』明治図書，2016年，p.25を一部修正して引用）

　ただし，この6つの要素すべてをシナリオに常に織り込まなければならないということではありません。学習者の活動を主とするような教科，たとえ

ば，体育科であれば，バスケットボールやサッカーの試合をパフォーマンス課題に設定することによって，6つの要素すべてを用いなくても学習者にとって魅力的な活動を展開することは十分に可能となるでしょう。

A シナリオを再検討する

シナリオは，教科の本質を外すことなく，子どもの切実性や現代社会で求められるものが考慮されているかどうかが重要です。そこで，作成したシナリオを，真正性（authenticity），妥当性（validity），レリバンス（relevance），レディネス（readiness）という4つの視点から再検討し，改善できます。

表2-5 シナリオの再検討で必要な4つの視点

真正性 （authenticity）	リアルな課題になっているか？ 現実世界で試されるような力に対応しているか？
妥当性 （validity）	測りたい学力に対応しているか？
レリバンス （relevance）	学習者の身に迫り，やる気を起こさせるような切実な課題になっているか？
レディネス （readiness）	学習者が少し背伸びをすれば手が届く程度の課題になっているか？

（西岡加名恵『教科と総合学習のカリキュラム設計』図書文化，2016年，p.98をもとに筆者作成）

また，パフォーマンス課題に架空の状況設定が常に必要とされるわけではありません。架空の状況設定を行う目的は，学習者に知識やスキルなどをリアルな状況で発揮させるためであり，この目的を他の形で達成できれば，その設定は必要ありません。逆に言えば，たとえ架空の状況を設定しても，この目的を達成できなければ，パフォーマンス課題が無意味になったり，逆効果になったりするでしょう。単に，学習者と同年代の架空の人物を登場させたり，シナリオを与えたりすればよいというものではないのです。学習者の知的好奇心を刺激したり，想像力を喚起したりすることで，学習者の知識やスキルを存分に発揮させることが何より重要となります。　　　（本宮裕示郎）

― 6 ―

子どもの発達段階に応じた パフォーマンス課題とは どのようなものですか？

　発達段階に応じて，子どもが行うことのできる関連づけの広がりや，思考や認識の深まりには差が見られます。以下では，それらの差に着目して，発達段階に応じたパフォーマンス課題の違いを見ていきましょう。

A　関連づけの広がり

　学年や学校段階が上がるにつれて，子どもは単元全体の構造を捉えたり，教科や領域といったより包括的な視点で単元を捉えたりできるようになります。このような関連づけの広がりに応じて，小学校の高学年や中学校・高等学校では，より長期的で単元や学年をまたぐパフォーマンス課題が設定できるようになります。学年を超えて繰り返し問われる基本概念などを軸にすることで，同じ課題であっても異なる取り組み方となるでしょう。

　また，教科横断を意識したパフォーマンス課題も設定できるようになります。次ページの図2－2のように，研修旅行を共通のテーマとする教科横断的な実践が考案されています。この例では，課題のゴールは「生徒一人一人が独自のテーマを持ち，事前研究・フィールドワーク・事後研究を経てレポートを書き，それをポスター形式にまとめて発表すること」です。ゴールの達成に向けて，研修旅行の事前・事後に，各教科が主体となった学習機会が設けられ，その中に英語科のパフォーマンス課題が位置づけられています。

　一方で，小学校の低学年では，教科間どころか，1つの単元の中でさえ関連づけを行うことが難しい場合も考えられます。そうした場合には，関連づけの萌芽である「気づき」に意識的に目を向けるようにしてみてください。「気づき」とは，たとえば家庭科でエプロンのたたみ方を学んだときに，「他の服でも同じようにたためばいいのかな」「友達にたたみ方を教えてみようかな」といったようなものです。「気づき」を教科間の関連づけにまで育て

上げていくという視点をもつことが何より重要となります。

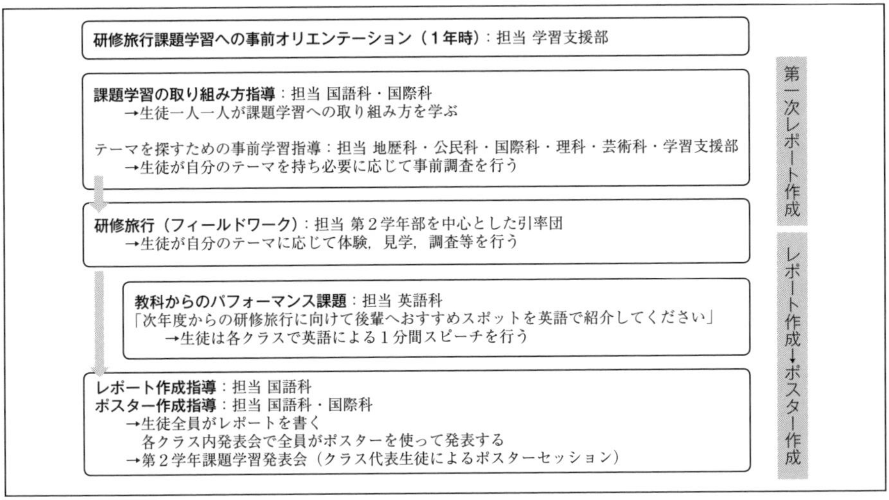

```
┌─────────────────────────────────────────────────────────────────────┐
│  研修旅行課題学習への事前オリエンテーション（1年時）：担当 学習支援部      │
│                                                                       │
│  課題学習の取り組み方指導：担当 国語科・国際科                           │
│    →生徒一人一人が課題学習への取り組み方を学ぶ                          │
│                                                                       │
│  テーマを探すための事前学習指導：担当 地歴科・公民科・国際科・理科・芸術科・学習支援部│
│    →生徒が自分のテーマを持ち必要に応じて事前調査を行う                  │
│                                                                       │
│  研修旅行（フィールドワーク）：担当 第2学年部を中心とした引率団           │
│    →生徒が自分のテーマに応じて体験，見学，調査等を行う                  │
│                                                                       │
│    教科からのパフォーマンス課題：担当 英語科                            │
│    「次年度からの研修旅行に向けて後輩へおすすめスポットを英語で紹介してください」│
│      →生徒は各クラスで英語による1分間スピーチを行う                    │
│                                                                       │
│  レポート作成指導：担当 国語科                                         │
│  ポスター作成指導：担当 国語科・国際科                                  │
│    →生徒全員がレポートを書く                                          │
│      各クラス内発表会で全員がポスターを使って発表する                   │
│    →第2学年課題学習発表会（クラス代表生徒によるポスターセッション）      │
└─────────────────────────────────────────────────────────────────────┘
```

第一次レポート作成

レポート作成・ポスター作成

図2-2　パフォーマンス課題を核とする教科横断的な実践例

(西岡加名恵ほか編著『パフォーマンス評価で生徒の「資質・能力」を育てる』学事出版，2017年，p.24を一部修正して引用)

A　思考・認識の深まり

　関連づけの広がりと並行して，子どもの思考や認識は，身近なものから想像力を必要とするものへ，つまり，具体的なものから抽象的なものへと深まっていきます。パフォーマンス課題を考える際に，難度の高いものを作ろうとするあまり，小学校の低・中学年で過度に抽象的な思考や認識を要求していることがしばしば見られます。しかし，重要なことは，パフォーマンス課題は単に難しい課題ではなく，様々な知識やスキルを総合して使いこなす，「使える」レベルの課題であるという点です。場合によっては，小学校の低・中学年のうちは，「わかる」レベルの課題で十分なこともありえるでしょう。包括的な「本質的な問い」と単元ごとの「本質的な問い」の入れ子構造を意識することによって，学年や学校段階をまたぐ一貫性のある課題を設定することが求められているのです。　　　　　　　　　　　　　（本宮裕示郎）

パフォーマンス課題を作る際には どのような留意点がありますか？

A パフォーマンス課題と類似の課題で見られる問題状況に着目する

子どもの活動を主とする，パフォーマンス課題に類似する学習課題において，問題状況に直面していることがしばしば見受けられます。次に挙げる課題例において，それぞれにどのような問題を抱えることが予想されるでしょうか，実際に考えてみてください。

表2-6　様々な課題例

①社会科	身近な地域の歴史を調べてまとめたことを，学校のホームページで知らせよう。
②家庭科	私たちは，幼いころどのようなおもちゃで遊んでいたでしょうか。思い出しながら，おもちゃを作ってみましょう。
③理科	物質を区別するには，どうしたらよいか。調べる方法について話し合ってみよう。

①については，子どもの活動が調べた情報を羅列するだけにとどまり，課題による深い学びへとつながらないことが危惧されます。活動するだけで満足することがないように，何をどのように明らかにするのかという観点の「問い」を含んだ課題を設定する必要があります。

②については，たとえば，単元のねらいが「遊びと育ちの関係を考える」だとすれば，単におもちゃづくりをするだけでは，このねらいに適したものになっているとは言えないでしょう。課題を設定する際には，単元のねらいを十分に考慮した上で，最も重要な課題を設定しなくてはなりません。

③については，「問い」を投げかけるだけになっており，話し合えばよいともとられかねません。「問い」に対応して，子どもがどのような思考を行

わなければならないのかを明確にしておく必要があるでしょう。

A チェックリストで質を確かめる

　こうした問題状況を回避し，質の高いパフォーマンス課題を設定するために，以下のチェックリストを用いて，その質を確かめることが有効です。

表2－7　質を確かめるためのチェックリスト

□1　単元のサイズは適切ですか？　単元をあまり小さくすると，パフォーマンス課題を位置づけるのは非現実的となります。
□2　適切な「本質的な問い」が設定されていますか？　「～とは何か？」，「～するには，どうすればよいか？」といった問いが，「本質的な問い」になりやすいとされています。
□3　パフォーマンス課題のシナリオは，GRASPS（「なやんだナ，アアそうか」）の6つの要素を織り込んだものになっていますか？　何をどのように作るのか，あるいは行うのかが明確になっていますか？
□4　真正性，妥当性，レリバンス，レディネスという4つの条件を満たしていますか？（第2章Q5参照）
□5　「本質的な問い」と「永続的理解」に対応するパフォーマンス課題になっていますか？　魅力的な課題を考えているうちに，当初想定していた「本質的な問い」や「永続的理解」からかけ離れていく場合がありますので，注意が必要です。ただし，パフォーマンス課題にあわせて，「本質的な問い」と「永続的理解」を作り直す方が適切な場合もありますので，その見極めも求められます。

（西岡加名恵・田中耕治編著『「活用する力」を育てる授業と評価　中学校』学事出版，2009年，p.19を一部修正して引用）

　このチェックリストは，本章で論じてきた内容を反映させたものです。教科・領域・単元で一貫性のある，質の高いパフォーマンス課題を作成するためにも，課題を考案した際には，このチェックリストでその質を確かめるように心がけてみてください。　　　　　　　　　　　　　　　　　（本宮裕示郎）

評価基準を明確にする！
ルーブリックの
作り方，活かし方

第3章

パフォーマンス評価では どのような評価規準（基準）が 用いられるのですか？

多肢選択式のテストを行うにしても，パフォーマンス評価を行うにしても，あらかじめ規準と基準について考えておくことは重要です。ここでは，規準と基準の違い，及びパフォーマンス評価における規準と基準について，小学校5年生社会科の単元「食料生産」を例にとって見ていきましょう。

A 規準は「何をどのような観点で評価するか」，基準は「どの程度できれば合格レベルなのか」を示している

今，S先生が「食料生産」の単元に取り組むにあたって，子どもたちに身につけさせたい力をどう評価しようかと考えています。まず，S先生は「日本の食料生産についての知識を獲得したか」を見るために，「水産業」や「食料自給率」などの用語を答えさせる小テスト（10問）を用意しました。このテストについて，正解数が6問以下であれば再テストをし，正解数が7問以上であれば合格にしようと考えています。

この場面で，「日本の食料生産についての知識を獲得したか」は，教師が子どもの学力を判断する際の視点となっています。これは，「何をどのような観点で評価するか」を示す**評価規準**（いわゆるノリジュン）と呼ばれます。一方で，「小テストに7問以上正解すれば合格」というのは，「知識を獲得したか」を見る具体的な方法であり，実際の評価活動の指針でもあります。これは，「どの程度できれば合格レベルなのか」を示す**評価基準**（いわゆるモトジュン）と呼ばれます。子どもの学力をより適切に把握し，指導の改善につなげるためには，規準と基準を共にきちんと考えることが必要です。

A パフォーマンス評価では，ルーブリックという評価規準（基準）の表を用いる

用語の一問一答であれば，規準や基準を設定することは比較的簡単です。同じように，「手順を踏んで実験器具を使えているか」「たし算を正確にでき

るか」といった○×が一目瞭然な内容については，**チェックリスト**（点検・確認すべき項目を並べたもの）の形で評価することができます。

　では，単元「食料生産」の評価に戻りましょう。今，Ｓ先生は用語を問う小テストを考えましたが，それだけでは「食料生産」について深く学べたかどうかはわかりません。そこで，「日本の食料生産はどうあるべきか」について，自分の主張とその理由を書くレポート課題を出しました。この課題は，パフォーマンス評価の中の「パフォーマンス課題」に相当します。子どもからは「日本の農業は縮小したほうがいい」「もっと食料自給率を上げたほうがいい」など多様な主張が出てきました。その理由も，「農業は大変だから」「食料生産は地域活性化につながるから」など様々でした。

　この課題を評価するにあたって，規準と基準を考えてみましょう。「日本の食料生産はどうあるべきか」という問題は，政策レベルで争われる論点であり，一概に正解と言えるものはありません。また，「資料の適切な解釈」「理由と主張の一貫性」「レイアウトの読みやすさ」など，レポートを見る視点も多様にあります。どうやら「知識がある」のように，安易に一つの規準を決めることは難しそうです。同じように，このレポートが「どの程度できればよいか（基準）」を決めることも簡単ではありません。なぜなら，レポートには知識や技能が総合されて表れるため，たとえば「『水産業』という用語を使う」や「主張→理由の順で書く」など個別に○×をつけて「○が７個以上で合格」としても，レポートの質を見ることはできないからです。

　パフォーマンス評価において，高次の思考や深い理解といった学力をきちんと把握するために，規準と基準を考えることはとても重要です。しかし，課題が複雑になるほど，規準と基準の設定は難しくなってきます。チェックリスト形式では作品の質を見ることはできません。かといって，各教師の主観に任せれば，それぞれ違う規準と基準で評価することになり，学力を適切に把握できない可能性があります。ではどうすればよいのか。そこで，この問題に対して，ルーブリックという評価指標が考案されました（第３章Ｑ２へ）。

（徳島　祐彌）

── 2 ──

ルーブリックとは
どのようなものですか？

⬇

一問一答の語句テストや，実験器具の使い方であれば，○×やチェックリストで評価することができます。しかし，パフォーマンス課題を用いて高次の思考や深い理解を評価しようとすれば，単に○×で判断することはできないため，新たに評価の指針（評価基準表）を考えることが必要となります（第3章Q1参照）。その評価基準表がルーブリックです。

A ルーブリックは，尺度と記述語で作られている

ここでは，中学校の歴史的分野で用いられたルーブリック（表3－1）を例に見てみましょう。このルーブリックは，政治学者になって，戦争の原因や平和を保つ方策について提言するパフォーマンス課題に用いられたものです。

このルーブリックでは，まず子どもの作品を見る5つのレベルが示されています。それぞれの段階には，そのレベルで達成しているパフォーマンスの特徴が記されています。たとえば，「5（すばらしい）」の作品の特徴としては，「経済，民族・宗教，条約・同盟，国内政治など，複数の事がらを総合的に関連づけて主張している」ことが挙げられています。一方で，「1（かなりの改善が必要）」には「事実が羅列されているだけになっていて主張がない」ことが特徴として示されています。

この例のように，ルーブリックとは成功の度合いを示す数レベル程度の**尺度**と，それぞれのレベルに対応するパフォーマンスの特徴を記した**記述語**で作られています。尺度は必ずしも5段階で作る必要はありません。はじめは3段階で作成し，より詳細なレベルの違いを見取る必要が出てきたときに5段階に変更することもできます。ちなみに，ルーブリックは「何をどのような観点で評価するか（規準）」を示すとともに，「どの程度できれば合格レベ

ルなのか（基準）」も示しているため，評価規準であり評価基準であると言えます。

表3-1　中学校社会科（歴史的分野）の作品を評価するルーブリック

レベル	パフォーマンスの特徴［記述語］
5	どうしたら平和を保てるかについて戦争の原因から導き出して関連づけて主張をしている。経済，民族・宗教，条約・同盟，国内政治など，複数の事がらを総合的に関連づけて主張している。主張に最適な資料やデータを用いて効果的に活用している。全体的に文章や流れがわかりやすく，事実の解釈の仕方が完全で，主張も強固で説得力がある。
3	なぜ戦争が起こるのかについて時代の流れと当時の状況を把握した具体的な例が書かれている。……どうしたら平和を保てるかについて主張している。ただし，主張に必要な具体的な資料やデータが少ないか，扱い方がやや浅い。
1	事実が羅列されているだけになっていて主張がない。または著しく未完成である。

（三藤あさみ・西岡加名恵『パフォーマンス評価にどう取り組むか』日本標準，2010年，p.25より一部引用。なお，レベル2・4を省略するとともに，記述語に一部加筆）

　ルーブリックには，**アンカー作品**を添えておくことが大切です。アンカー作品とは，各レベルのパフォーマンスを代表するような作品（レポートや論説文，実演など）のことです。このアンカー作品があれば，各レベルの記述語だけでなく，子どもの具体的な作品のイメージをもって評価することができるようになります。アンカー作品は，ルーブリックづくりの過程で決められることが多く，子どもたちが実際に作成したレポートや論説文からレベルごとの典型的なものが選ばれます（第3章Q3参照）。

　ルーブリックを用いることで，子どもの思考や理解がどのレベルなのかを適切に評価することができます。また，次に目指すべきレベルが具体的にわかり，指導のポイントが明確になります。そのため，パフォーマンス課題を用いた評価ではルーブリックの活用が推奨されます。　　　　（徳島　祐彌）

— **3** —

作品を評価するルーブリックは
どのように作ればよいですか？

A 作品を評価するルーブリックは，作品をレベル別に分けて作る

作品を評価するルーブリックは，次の5つの手順で作成します。

❶パフォーマンス課題を実施し，子どもの作品を集める。

まず，子どもたちの実際の作品を集めます。作品は10～20個ほど集めるのがよいでしょう。作品が多いほど，各々の評価の観点の違いや，合格点として想定するレベルの違いが明確に見えやすくなります。

❷集まった作品を並べて，数レベルで採点する。

パッと見た印象（一つにつき1分程度）で集めた作品を採点します。レベルは3～5レベルで採点するのが一般的です。5つのレベルなら「5　すばらしい」「4　良い」「3　合格」「2　もう一歩」「1　かなりの改善が必要」という尺度で採点します。複数名で採点する場合は，お互いの採点がわからないように工夫します。たとえば，採点した付箋紙を作品の裏に貼り付け，他の人に見えないようにするとよいでしょう。

❸採点が終わったら，お互いの点数を照らし合わせ，なぜその点数にしたのかを話し合いながら記述語を作成する。

それぞれのレベルに対応する作品の特徴を話し合い，記述語を考えます。付箋紙を使う場合は，採点が終わったら作品の表に貼り直し，レベル別に作品群を分けることから始めます。その際，採点がおおよそ一致した作品の特徴を考えることから始めるとスムーズに進めることができます。複数名で行うときは，模造紙を使って作業をするとよいでしょう。

資料3－1

（西岡加名恵『教科と総合に活かすポートフォリオ評価法』図書文化，2003年，p.152より引用）

❹一通りの記述語ができたら，評価が分かれた作品について検討し，それらの作品についても的確に評価できるように記述語を練り直す。

　評価が分かれた作品について考えます。評価が分かれる理由の一つに，評価の観点が違うことがあります。たとえば，レポートについての評価が分かれたときに，ある人は「内容を掘り下げて論じているか」を重視し，ある人は「レポートの形式が整っているか」を重視していたといったことがあります。各々の観点の違いを踏まえて，記述語を練り直していきます。

❺必要に応じて評価の観点を分けて，観点別ルーブリックにする。

　記述語の議論を通して，観点を分ける必要があると判断した場合，2～6個程度で観点を分けてルーブリックを作ります。その際には，分けずに記述したほうが作品の質を見ることができるのか，分けて記述したほうが指導に活かすことができるのかを考えることが大切です。

　これら5つの手順を通してルーブリックは作成されます。なお，初めてパフォーマンス課題を実施する際には，事前に子どもたちの作品を想定して**予備的ルーブリック**を作ることも重要です。あくまで仮のものですが，予備的ルーブリックは指導と評価のポイントを明確化するのに役立ちます。

（徳島　祐彌）

― 4 ―

Q 実演を評価するルーブリックは どのように作ればよいですか？

A 実演を評価するルーブリックは，映像などを見ながら，実演をレベルに分けて作る

　作品を評価するルーブリックは，子どもの作品を集め，数レベルで採点し，その採点結果をもとに記述語を練り，必要があれば観点に分けるという方法で作ります（第3章Q3参照）。実演を評価するルーブリックも基本的には同じ方法で作ります。ただし，レポートや絵といった作品があるわけではないため，ルーブリックづくりでの工夫が必要となります。ここでは，英語での自己紹介を評価するルーブリックづくりの様子を例に見ていきましょう。

　このルーブリックづくりでは，まず英語での自己紹介と質問への応答の様子を一人一人ビデオで撮影しました。その中から，いくつかの実演を選び出しています。作品とは異なり，実演の採点は一つ一つに時間がかかるため，5～10個の実演を採点するのがよいとされています。

　次に，撮影した子どもの自己紹介の様子を前のスクリーンに映し，全員でスクリーンを見ながら採点しました。このとき，付箋紙ではなく各自手元の用紙に点数をつけています（紙に実演の番号を書いた採点表を使うときもあります）。こうすることで，同じ映像でもお互いに点数が見えてしまうことなく採点することができます。採点が終わった後に，互いに点数を見せ合い，自己紹介の映像を繰り返し見ながら話し合いました。

　このように，各自が用紙（採点表）を使って実演を採点し，映像を繰り返し見

資料3－2　実演を評価するルーブリックづくりの様子

（京都教育大学附属桃山中学校　有田有志先生ご提供の動画を用いて，京都市立高倉小学校にて実施した校内研修）

ながら話し合うことで，実演を評価するルーブリックを作ることができます。

A 実演を評価するルーブリックを用いることで，子どもに具体的な指導ができる

　実演を評価するルーブリックの例として，表3－2に「グループでの話し合い」を評価するルーブリックを示しています。このルーブリックでは，「5」として「互いの意見を関連づけて意見を述べる」ことや「話し合いのメンバーにも配慮することができる」ことが挙げられています。一方で，「1」では「友達の発言に反応したり，自分から発言したりしていない」ことが挙げられています。このようなルーブリックを用いれば，どれだけ話し合いの力が身についたのかを見取ることができます。たとえば，教師が「1」と判断した子どもに対しては，「相手の発言に関心をもつように促す」など具体的に指導することができるようになります。

　英語の自己紹介やグループでの話し合いと同様に，体育科や音楽科での実技も，実演を評価するルーブリックを用いて評価することができます。

表3－2　「グループでの話し合い」を評価するルーブリック（2と4は省略）

レベル	記述語
5	生き生きと話し合いに参加し，積極的に意見を述べている。互いの意見を関連づけて意見を述べたり，疑問に思ったことを投げ返したりしながら，話し合いを深めようとしている。話し合いのメンバーにも配慮することができ，発言を促したり，声をかけたりするなど，司会者的な役割を果たしている。話し合いの中で，自分の考えが深まっていく楽しさを自覚している。
3	20分程度の話し合いを続け，言うべき時には意見を述べることができる。相手の発言に関心をもって聞き，質問したり感想を述べたりして，相手の発言に関わっている。
1	話し合いの場に座って友達の話を聞いているが，友達の発言に反応したり，自分から発言したりしていない。

（西岡加名恵「アクティブ・ラーニングの充実をどう図るか」西岡加名恵編著『「資質・能力」を育てるパフォーマンス評価』明治図書，2016年，p.28より一部省略して引用）

（徳島　祐彌）

― 5 ―

パフォーマンス課題を評価する ルーブリックを作る際には どのような留意点がありますか？

ルーブリックづくりのポイントとして，ここでは3点確認しておきます。

授業者の批判は避ける

1点目は，授業者を批判するのではなく，よいルーブリックを作るという目的を忘れないことです。これは本章Q3で示したルーブリックづくりの手順で言うと，❷の段階の際に気をつけたいことです。この❷の段階では，授業者はもちろん，授業者ではない人も含めて，複数の教師が評価活動に参加することが想定されています。そのような場で「1　かなりの改善が必要」と評価された作品が出てくると，「このような作品が出てくるのは，授業者の指導が不十分だったのではないか」等，授業者の指導に対して批判的な意見が出てくる場合があります。このような意見は教師の力量を高めるためには必要なものかもしれませんが，ルーブリックづくりに際しては，まず評価のための基準／規準を作ることを目指すことが優先されます。作品を提供した授業者に敬意を払いつつ，よりよい評価基準表を作るという目的を忘れないことが大切です。

アンカー作品を決める

2点目は，各レベルを代表する作品（アンカー作品）を決めておくことです。アンカー作品には，❷の段階で多くの人が同じ点数をつけた作品や，記述語を考えるときに何度も参照した作品が該当します。すでに述べたように，ルーブリックを用いて評価を行う際には記述語を参照しますが，記述語だけでは具体的なイメージがもちづらく，評価がぶれてしまったり，評価に手間取ったりすることがあります。そこで，図3－1のようにルーブリックの各レベルにアンカー作品を添付しておくと，各レベルの記述語だけでなく，そ

の記述語に対応する作品の具体像が可視化されます。こうすることで，具体的な作品のイメージをもって評価を行うことができるようになります。このように，ルーブリックを作る際にアンカー作品を添付することで，よりよい評価ができるのです。

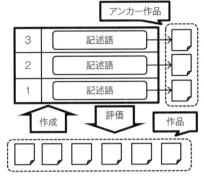

図3－1　アンカー作品の添付（筆者作成）

A　チェックリストとルーブリックを混同しない

　3点目は，パフォーマンス評価のためのルーブリックを行動目標に基づく評価のためのチェックリストと混同してしまわないことです。チェックリストとは，たとえば一般的な水泳の授業での評価の場合，「バタ足ができた」「クロールで25m泳げた」等がこれにあたります。パフォーマンス評価は子どものパフォーマンスを総合的，複合的に評価するものですので，そのパフォーマンスを行動目標のみで評価してしまうと，せっかく子どもが発揮した豊かなパフォーマンスが台無しになってしまいます。それゆえに，ルーブリックを作る際はパフォーマンスを質的に評価することを保障できているかを意識する必要があります。

　裏を返せば，チェックリストで評価できるものについてはパフォーマンス課題やルーブリックではなく，チェックリストで評価すれば足りるということです。たとえば，第1章Q4で示した図（p.19）における「事実的知識」や「個別的スキル」はチェックリストで事足りるものであり，わざわざルーブリックを用いる必要はありません。ルーブリックを作る際の留意点としては逆説的ですが，目標や評価対象を見定めて，必要のない場合にはルーブリックを作らないという判断も必要です。

（森本　和寿）

― 6 ―

記述語をまとめるときは どのようなことに気をつけたら よいですか？

規準・基準を意識する

　ルーブリックは尺度と記述語からなります。ルーブリックが目標に対応したものとなるためには，尺度はもちろん，記述語が適切に設定されている必要があります。

　では，どうすれば記述語を適切に設定できるのでしょうか。そのためには，記述語をまとめるときに規準と基準の両方を意識することが大切です。本章Q1で述べたとおり，ルーブリックにおいて規準とは「何をどのような観点で評価するか」を示すものであり，基準とは「どの程度できればよいか」を示すものです。たとえば，「効果的に聞く」という課題の場合，「メッセージを理解すること」と「こちらが聞いていると話し手に感じさせること」の2観点が考えられます（規準の一例）。後者の出来具合を3レベルに分けて，それぞれ「1　自分が聞いていることを話し手に伝えようとしていない」，「2　自分が聞いていることを話し手に伝えようとしているが，十分に伝わっていない」，「3　自分が聞いていることを話し手に伝えようとしており，それが十分に伝わっている」と記述することができます（基準の一例）。このように，記述語をまとめる際には，規準と基準の両方を意識することが大切です。

記述語に徴候を書き込む

　一方，このような記述語だけでは文言が抽象的で，実際に評価しようとすると，ややわかりにくい場合があります。そういうときは，規準が満たされているかどうかを示す具体的な行動（**徴候**）をルーブリックに書き込むとよいでしょう。たとえば，表3-3に徴候の一例が示されています。この表は，

高校３年生の卒業エッセイ（小論文）を評価するルーブリックの一部です。項目ｂを見てみると，「書き手が同意／不同意している事柄が明確でないか，または著者の主張と関連がない」という記述語で規準が示されています。そして，この「明確でない」「関連がない」ということを表す具体的な行動，すなわち徴候として「書き手が『一方では～他方では～』のような言い回しを十分に用いていない」という一例が挙げられています。このように，記述語が示す規準を満たした場合に表出する具体的な行動として徴候をルーブリックの中に書き込むことで，教師や子どもが評価や指導・学習に活かしやすいルーブリックとなります。

表３－３　コロラド州リトルトン，ヘリテイジ高校における卒業エッセイのルーブリック

中位層の論文は，以下の４つの規準のうち１つを欠いているか，または不十分である。
　ａ．要約　要約がない，または著者の挙げた論題を並べているだけで不完全である。
　ｂ．同意／不同意の焦点　書き手が同意／不同意している事柄が明確でないか，または著者の主張と関連がない。　例：書き手が「一方では～他方では～」のような言い回しを十分に用いていない。［ウィギンズ註：徴候］
　ｃ．支持　書き手は反論するだけである，例が高度に一般化されているか，または［元の］論文での例と区別できない。分析が見かけ倒しであるか，無関係であるか，または乏しい。
　ｄ．文体と一貫性　これらの論文では，構成が散漫であるか，または語法，文法もしくは構造において際立った間違いがある。

(Wiggins, G., *Educative Assessment*, Jossey-Bass, 1998, p.155.　５つのレベルの尺度からレベル３のものを筆者抜粋。下線は筆者による)

　ただし，記述語に必ず徴候を書き込まなければならないわけではありません（表３－３でも徴候が書かれていない項目もあります）。また，記述語で挙げられている徴候が作品の中に現れていないからといって，その項目や尺度を満たしていないとは限りません。先の小論文の例でも，提出された小論文に「一方では～他方では～」という言い回しが用いられているかどうかだけを形式的に判断する評価では不適切です。徴候は教師が評価をする際の助けとなるものですが，あくまで一例です。本章Ｑ５で示したアンカー作品と徴候をあわせて評価の助けとして活用しましょう。　　　　　（森本　和寿）

— **7** —

ルーブリックを用いて評価を行う際には どのような留意点がありますか？

A ルーブリックを練り直す

　ルーブリックを用いて評価を行うときに気をつけるべきこととして，ルーブリックは教師が子どもの作品と対話する中で練り直しを想定されているものであることが挙げられます。

　ルーブリックについて現場の先生方とお話ししていると，「ルーブリックは手元にあるけれども，どうやって評価したらいいのかわからない」という声を耳にします。詳しくお話を伺うと，今年度からパフォーマンス評価を導入するにあたり，他校で実施済みのルーブリックが手元にあり，パフォーマンス課題を実施して子どもから作品を回収したものの，それらの作品に対してどのようにルーブリックを使えばよいかわからない，あるいは手元にあるルーブリックを用いたらすべての作品が5レベルの尺度において1か2になってしまったということが少なくないようです。

　本章においてすでに述べたとおり，ルーブリックは提出された作品と対話しながら作られ，その対話の過程で評価活動が行われるものです。パフォーマンス課題に先んじて予備的ルーブリックを作成することもありますが，予備的ルーブリックも提出された作品を評価する過程で練り直すことが想定されています。したがって，他校で実施済みのルーブリックをそのまま流用するというのは，ルーブリックの用い方としては必ずしも適切とは言えません。もし他校で実施済みのルーブリックを参考にするとしても，眼の前の子どもの実態を踏まえて，ルーブリックの練り直しを行う必要があります。ルーブリックは一度作成したら終わりではありません。ルーブリックを用いる目的や評価内容，子どもの実態等を絶えず問い直し，更新すべきものです。

A 「学習の評価」か「学習のための評価」かを意識する

　ルーブリックを使って評価を行う際に気をつけるべきこととして，何のために評価するのか（評価活動の目的）を意識することが挙げられます。「**学習の評価**」を目指すのか，「**学習のための評価**」を目指すのかによって，ルーブリックを用いた評価のあり方は異なります。

　一般的に「評価」というと，学習が終わった段階で，どの程度の成果が上がったのかを教師が評価するものと思われています。しかし，これはあくまで評価の一側面です。学習支援や指導改善を目的とせず，資格や選抜，学校内外に対して子どもが一定の学力を身につけたと説明すること（アカウンタビリティ）を目的とする評価は「学習の評価」と呼ばれています。「学習の評価」の場合，子どもが身につけるべき知識や技能，能力の内容が社会的に共有された一定の到達水準（スタンダード）とされているため，ルーブリックに示されている規準や基準を大幅に変更することは望ましくないでしょう。また，評価の客観性，公平性を確保するために，評価活動の主体は学習者である子ども本人よりも教師あるいは第三者機関が望ましいと言えます。

　一方，学習支援や指導改善を目的として行われるのが「学習のための評価」です。「学習のための評価」の場合，学習の過程において子どもに気づきを与えることや教師が自らの指導を改善することが目指されるため，目標に準拠した評価だけでなく，個人内評価を伴う必要があります。また，評価活動の主体は教師だけでなく，学習者である子どもも含まれます。

　学校評価や学力調査等で学外への説明責任が強調される昨今において，子どもたちに身につけさせるべき共通の知識や技能，能力を評価することは避けて通れませんが，評価活動が「学習の評価」に偏りすぎると，評価を矮小化するという負の側面があります。現在，教室において実施しようとしている評価活動が「学習の評価」なのか，「学習のための評価」なのかを意識しながら，ルーブリックを用いることが大切です。

（森本　和寿）

— 8 —

どのようにして子どもにルーブリックを提示し，どのように評価させていくのですか？

A ルーブリックを直接的・間接的に提示する

では，子どもに対してどのようにルーブリックを提示したらよいのでしょうか。パフォーマンス課題において子どもにルーブリックを提示する方法として，**直接提示**と**間接提示**があります。

直接提示とは，その名のとおり，評価基準表であるルーブリックを直接的に子どもに提示することです。単元終了後どうなっていてほしいかをイメージし，何をもってよしとするかをルーブリックとして示しておくことは，教師にとっても子どもにとっても有用です。教師も子どももどういう視点で活動を点検・確認し，どういう方向で改善・修正していけばよいのかという共通理解を得やすくなります。

一方，間接提示とは，ルーブリックそのものを子どもに提示せず，別の形で子どもに対してフィードバックを与えることです。たとえば，作品検討会がこれにあたります（検討会については第4章Q6参照）。子どもの作品をルーブリックに照らして評価し，教師が子どもに対してフィードバックを与えることで，子どもは自らの学習を調整する機会を得ます。

評価者＝教師だと思っている方は，子どもが評価者としてルーブリックを参照することに違和感を覚えるかもしれません。しかし，ルーブリックは教師だけのものではありません。学習者が自らの学習においてつまずいている点に気づく必要があるという点では，むしろ学習者である子どもにとってこそルーブリックは価値あるものです。ルーブリックが教師に独占されてしまうと，子どもは教師がどのような判断に基づいて評価しているのか，そもそも学習の目的・目標は何かがわからない手探りの状態で学習を進めることになります。子どもの自己評価を促すためにもルーブリックはパフォーマンス

課題に先駆けて示すことが望ましいと言えます。子どもが自分の学習について，何を発展させ，何を改善すべきかを知るためにも，ルーブリックは，子どもに対しても開かれたものであるべきなのです。

Ａ　子どもに合わせて評価方法を使い分ける

　子どもがルーブリックを用いて評価するとき，直接提示と間接提示のどちらを選択するのが好ましいのでしょうか。ルーブリックの提示方法を判断する際は，ルーブリックを自力で読み解く能力を子どもたちがもっているかどうかを考慮する必要があります。たとえば，小学校低学年の子どもに抽象的で複雑な記述語で書かれているルーブリックを示しても，評価として機能しません。

　このようなときはどうすればよいのでしょうか。対象となる子どもがルーブリックを読み解けないのであれば，原則として間接提示を選択するべきでしょう。作品検討会において教師がフィードバックしたり，子どもにはルーブリックではなくチェックリストを提示したりすることが考えられます（もちろん，ルーブリックとチェックリストは別物であることは本章Ｑ５で示したとおりですので，その違いには自覚的でなければなりません）。一方，子どもが記述語の読み解きにやや困難を伴ったとしても，目標と評価を明示する意義を尊重してルーブリックを直接提示することも考えられます。その場合は，子どもにとってもわかりやすいアンカー作品をルーブリックに添付することが望ましいでしょう。具体的な作品であるアンカー作品があれば，子どもも評価活動に参加しやすくなります。

　子どもによる評価活動として，ルーブリックに照らして自分自身の作品を評価する**自己評価**と，自分以外の子どもの作品を評価する**相互評価**が考えられます。子どもによる自己評価や相互評価は，自分や他者の作品をルーブリックに沿って見ることで，自分の作品を，ひいては自分自身の考え方を対象化し，客観視するための契機となる貴重な機会です（詳しくは第４章Ｑ６参照）。

（森本　和寿）

061

── 9 ──

ルーブリックによる評価の妥当性や信頼性はどのように保障すればよいですか？

質的なものを見取ることで評価の妥当性を保障する

　パフォーマンス評価と対置されるものとして，正誤問題，多肢選択問題，短答問題のように答えが一つに定まる客観テストがあります。客観テストに比べると，誰がやっても，何回やっても，採点結果が同じになるという意味での**信頼性**，**客観性**において，パフォーマンス評価は劣るとされています（松下佳代「評価の妥当性・信頼性・客観性」辰野千壽・石田恒好・北尾倫彦監修『教育評価事典』図書文化，2006年）。

　では，評価や採点を客観化するために客観テストだけを用いればよいかというと，そうではありません。交通法規や運転上の留意点をいくら知っていても，上手に運転できるかどうかは実際に運転させてみないとわからないのと同様に，現実世界と切り離された無味乾燥な文脈で断片的な知識・技能を問う客観テストだけでは，教科で学んだ知識・技能が「使える」レベルになっているのかを評価できないのです（石井英真『今求められる学力と学びとは』日本標準，2015年，pp.56-57）。パフォーマンス評価は，客観テストだけでは本物の学力を評価しきれないという批判から誕生しています。そこには，客観テストで測りきれない質的なものを捨象せずに評価することで評価の**妥当性**を保障しようとする問題意識があります。ルーブリックを用いたパフォーマンス評価は**質的評価**として意義のあるものなのです。

モデレーションで信頼性・比較可能性を高める

　では，質的なものを評価しつつ，評価が恣意的になることを避けるためにはどうすればよいのでしょうか。パフォーマンス評価では，特定の評価者の恣意性を退けるために**モデレーション**を行います（図3－2参照）。モデレー

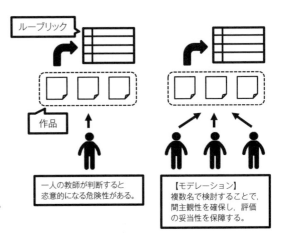

ションとは，複数の採点者間で採点結果が一致するように調整することです。一人の教師が子どもの作品を評価してルーブリックを作った場合，どうしても個人の主観による偏りが生じる可能性があります。複数の教師が集団でルーブリック作成に携わることで，できるだけ教師個人の主観を退けようするのがモデレーションのねらいです。本章Q3で示したルーブリック作成手順❸，❹において複数の教員が子どもの作品を吟味しながらルーブリックを作成する過程が，まさにモデレーションです。こうすることで，信頼性や**比較可能性**（評価者が評価基準を共通理解し，同じ採点規則に従うことで確保される評価の一貫性）が高められます。

図3-2　モデレーション（筆者作成）

　もちろん，このとき，子どもの作品を評価する教師が素人では困ります。質的評価を行うためには，それぞれの教師が日々の指導の中で子どもの作品の価値を質的に見取ることができる専門性（**教育的鑑識眼**）をもっている必要があります。教育の専門家としての教師が鑑識眼によって子どもの作品の価値を質的に評価し，さらに複数の教師間で評価結果をつきあわせて検討することで，複数の評価者の主観を超えた評価を行うことができます。

　このように，客観テストでは測れないものを捨象せず，できる限り妥当性を確保しつつ，質的なものを評価する価値を追求するのがパフォーマンス評価であり，そのための具体的な道具がルーブリックなのです。

（森本　和寿）

── 10 ──

ルーブリックを用いると，「主体的に学習に取り組む態度」をどのように評価できますか？

A 態度の評価に伴う危うさを認識する

　学力の三要素とされる「知識・技能」「思考力・判断力・表現力等」「主体的に学習に取り組む態度」の中でも態度の評価で悩む方は少なくありません。「主体的に学習に取り組む態度」の評価として，古くはノートの取り方や授業中の挙手の回数等の形式的な活動で態度を測ることが取り沙汰されたこともあります。しかし，このような評価方法では積極性の表面的なアピール合戦を招くため，「主体的に学習に取り組む態度」を評価する方法としては不適切であるとされています（中央教育審議会「幼稚園，小学校，中学校，高等学校及び特別支援学校の学習指導要領等の改善及び必要な方策等について（答申）」2016年12月21日，p.62）。

　そもそも，態度に代表されるような，いわゆる情意領域の評価については，価値規範に深く関わるものを評価対象とすることへの危うさがあります。個人の性格やその人らしさまるごとを値踏みする全人評価につながったり，それによる価値や生き方の押しつけに陥ったりする危険性をもっているということです。そのため，たとえば，子どもが積極性を表面的にアピールしたり，授業態度が悪いと成績が悪くなったりといった具合に，教科の学びを深めることと結びつかず，情意の評価が独り歩きし，管理の道具として作用する事態が危惧されます。

A 「入口の情意」と「出口の情意」を分けて評価する

　このような点を踏まえて，ルーブリックを用いたパフォーマンス評価では「主体的に学習に取り組む態度」（情意）をどのように評価すればよいのでしょうか。

教育評価において評価対象とされる「情意」については，「**入口の情意**」と「**出口の情意**」を分けて考える必要があります。「入口の情意」とは，興味・関心・意欲等を指し，授業の前提条件として学習活動を支えるものです。一方，「出口の情意」は知的態度，思考の習慣，科学的教養に裏づけられた倫理・価値観等，学習の結果として生まれ，学習を方向づけるものです。

「入口の情意」は教材の工夫や教師の働きかけによって喚起するものであり，授業過程で学び手の表情や教室の空気から感じ取ることで授業の進め方を調整する手がかりとして役立つものではあります。しかし，「入口の情意」そのものは授業の目標として掲げられるものではなく，意識的に評価対象とすべきものではありません。これに対して，「出口の情意」は授業での学習を通して子どもの中に生じる価値ある変化であり，目標として掲げうるものであり，評価対象となりえます。「主体的に学習に取り組む態度」の評価に際しては「出口の情意」を評価対象とするとよいでしょう。

A 複数の観点を一体的に見取る

ルーブリックを用いたパフォーマンス評価において「出口の情意」を評価するとき，「思考力・判断力・表現力等」から「主体的に学習に取り組む態度」だけを切り分けて単独で評価することは困難です。むしろ，この2つの観点を一体的に見取って評価する方が妥当です。この場合，中教審答申においても取り上げられているように（前掲答申，p.62），観点を一体化させるとよいでしょう。たとえば，「思考力・批判的態度等」のように，「思考力・判断力・表現力等」と「主体的に学習に取り組む態度」の2つの観点を1つにまとめ，「知識・技能」と「思考力・批判的態度等」の2観点のルーブリックを作って評価するのも一つの手です。

「態度」について語られる場合，一般的には「入口の情意」が議論の対象となることが多いですが，パフォーマンス評価の目的・性質に照らしても，むしろ「出口の情意」である科学的態度や批判的態度こそ評価対象として見取るべきものと言えます。 （森本 和寿）

パフォーマンス課題を活かした
授業づくりのポイント

第4章

— 1 —

なぜパフォーマンス課題を活かした授業づくりをする必要があるのですか？

次の2つの授業には，どちらも問題があります。しかも，その問題の本質は同じものです。いったいどんな問題でしょうか。

あるクラスでは，教科書を順番通りに勉強していきます。先生は，ときどき板書をしながら教科書を順番に読み上げていきます。配られているプリントには，いくつかの穴埋め問題が載せられています。子どもたちは，板書を見ながらその穴を埋めていきます。大半の子どもたちは「テストで点数をとるためには，後で穴埋めした用語を暗記すればいいや」と思っています。

また別のクラスは，机にじっと座って授業を受けるなんてもったいないと，積極的に外に出ていきます。プロジェクト・ベースの授業です。今年は学級で世話をしているチャボたちが卵を産み始めました。子どもたちも大喜びです。せっかくなので，地域の人たちを呼んで卵を使った料理パーティーを開きたいと思います。多くの卵を産んでくれるように，しっかりとチャボを可愛がらないといけません。料理だけでなく，何か出し物も用意した方がよいでしょう。子どもたちは楽しいひと時を過ごせることと思います。

A 双子の過ちを避けるために必要である

両者に共通する問題点とは，子どもたちが何を学びえたのか，ひいては先生が何を身につけさせようとしているのか（教育目標）が判然としないことです。

一つ目の例で，先生はたしかに教科書の内容を教えています。暗記すべき知識も伝えたかもしれません。しかし，先生は，教科書を学ぶことで子どもたちにどんなことができるようになってほしいと願っているのでしょうか。子どもたちは，その内容を本当に学ぶことができたのでしょうか。また，なぜ学ぶのか，これまでに勉強したこととどのように結びつくのかが，理解で

きたのでしょうか。このあたりになってくるとどうも曖昧なようです。このように，子どもたちが実際に何を学んだのかは関係なく，教科書をすべて教えきることに執着することを**網羅主義**と呼びます。

　では二つ目の例はどうでしょう。子どもたちは地域の人とふれ合い，プロジェクトの成功体験を得られるでしょう。ただ，一人一人が何を学びえたのか，という観点から見ると話は変わってきます。子どもたちは楽しさの果てに，何かを切実に考えるということがないかもしれません。先生は，その子どもたちの変化をつかみ取れていないかもしれません。このように，活動しさえすればいいという考えを**活動主義**と呼びます。

　網羅主義は先生が教えさえすれば，活動主義は子どもが動きさえすれば，何らかの学習を行っているだろうと期待しています。それは大きな誤りです。もちろん，子どもたちの感性は一人一人違うものですから，学習したことのすべてを先生が把握することは不可能です。しかし，やはり先生には，子どもたちに学んでほしいこと，できるようになってほしいことを明確にイメージし，さらには，子どもたちが身につけられたのかを確かめる責任があるのです（G. ウィギンズ・J. マクタイ著，西岡加名恵訳『理解をもたらすカリキュラム設計』日本標準，2012年を参照のこと）。

Ａ　子どもたちの学習を先生がデザインするために必要である

　パフォーマンス課題は，この責任を果たすための道具です。この課題は，一問一答のありきたりなテストではありません。多くの知識や技能を使いこなさなくては乗り越えられない課題です。先生は，そのような課題をデザインすることで，どの程度子どもたちに習熟してほしいのかを具体的にイメージすることができるでしょうし，実際に子どもたちに身についたのかを評価することもできるでしょう。また，課題に取り組む過程で，子どもたちも，知識や技能の関係性や，その重要性を理解することができます。だからこそ，パフォーマンス課題を活かした授業づくりが求められるのです。

（中西修一朗）

パフォーマンス課題を活かした授業づくりのポイント

— **2** —

パフォーマンス課題を活かすと どんな授業ができますか？

A 学ぶ意義を実感し，知識を使いこなす授業

「これが算数なんや」——パフォーマンス課題に取り組んだ授業での，ある子どものつぶやきです。その子にとって算数とは，公式を考えて，それを使って計算問題を解く勉強のことだったのでしょう。しかし，その時間から始まった4年生の「面積」は違いました。はり絵できれいな看板を作るために必要な色紙の数が知りたい。この課題には，公式を考え学ぶ目的が感じられたのです（課題の詳細は第5章Q3に詳述されています）。

パフォーマンス課題を活かした授業の特徴は，第一に，**目的意識をもって学ぶ**ことができるということです。現実にその知識が使われるべき状況を用意することで，先生が覚えなさいと言うから学ぶのではなく，子ども自らが学ぶ理由を見出して学ぶことができるのです。また，そのような現実に即した問題は，単に知識をあてはめるだけでは解決できません。その**知識を使いこなさないといけない**のです。これが，第二の特徴です。

たとえば，「面積」の単元で，子どもたちは学習した公式を活用して，看板に描く文字の面積を求めていきます。たとえば，平行四辺形の求め方を学習するとKの字を求められる，というように。子どもたちは一人一人，自分が平行四辺形の公式を使いやすいようにKの字を切り分けました。結果として，単純に見えるKの字にすら，発表されたものだけで7通りの求め方が見つかりました。中には，斜めの部分を等積変形するという難しい提案もあり，その検討に子どもたちの集中力は高まっていきました。

このように，できるだけ簡単な求め方を探し，それぞれの正しさを確かめるためには，直角や底辺・高さといった知識を総動員することが求められます。その過程で子どもたちは，公式をあてはめるだけでなく，用いるべき公

資料4-1　「面積」の授業の様子

（京都市立高倉小学校提供）

式を選択して，それを活用できる状況を用意すること，つまり公式を使いこなすことができるようになりました。

A 知識は与えられるものではなく，見出すものだと感じる授業

　このようにパフォーマンス課題を活かした授業を行うためには，心に留めておくべきことがあります。それは授業の過程とパフォーマンス課題との間で矛盾が生じてはならないということです。

　たとえば，教科書を使って指導する場合を考えてみましょう。おおよそ教科書とは，誰かが「正しい」と判断した事実だけが載っていて，その判断の過程が載っていないものです。そのため，授業の展開において教科書を順番に伝えることを重視すると，「知識が正しいかどうかは決まっていて，勝手に与えられるものだ」という隠れたメッセージを子どもたちは受け取ってしまいます。一方，パフォーマンス課題を通して伝えたいメッセージは，「知識とは自分で見出し，正しいかどうか判断するものだ」ということです。

　このように，教科書の使い方ひとつをとっても，授業の展開とパフォーマンス課題に含まれるメッセージが異なる可能性があります。そうなれば子どもたちに混乱を，時には反発を生むことになり，十分にパフォーマンス課題を活かした授業にはなりません。そのため，パフォーマンス課題を活かした授業になっているかどうかは，問いを胸に抱き何が正しいのかを判断する過程が十分に用意されているだろうか，と問うことで確かめることができるでしょう。

（中西修一朗）

── 3 ──

パフォーマンス課題は 単元のどこに位置づければよいですか？

パフォーマンス課題は，**単元の全体**で取り組むものです。なぜなら，子どもたちに学習の見通しをもってもらい，学習のやりがいを感じてもらうものであり，同時に学習の結果として身についた力を確かめるものでもあるからです。そのため，基本的には，子どもたちに課題を提示するのは単元の最初，課題の解決と総括をするのは単元の最後が適切です。順を追って説明します。

A パフォーマンス課題を「提示する」のは，単元のはじめ

パフォーマンス課題に取り組むぞということを子どもたちに伝える適切なタイミングはいつでしょうか。もし学習の積み上げの最後に，実はこんなこともできるようになったんだよと種明かしのように伝えたいなら，単元の最後にパフォーマンス課題に取り組むことを発表するのもよいでしょう。しかしながら，基本的には，単元の最初に伝えてあげてほしいものです。

なぜなら，パフォーマンス課題は子どもたちに学習の目的を提示するものだからです。教科書を順番に勉強し，最後にテストするという単元展開では，子どもたちは，まとめテストのために勉強する，なんて意識をもちかねません。パフォーマンス課題を単元の冒頭で伝えることにより，この意識は大きく変わります。「国際会議の資料を作るために」「校長先生に提出するレポートを作るために」「博物館の展示物を作るために」，子どもたちは単元の学習を進めていくのです。子どもたちが，これは重大だ，と感じられるようなやり方で課題を提示することが大事でしょう。課題を示せば，子どもたちは「何か違うぞ」と思ってくれるかもしれません。

A パフォーマンス課題の「解決に取り組む」のは，単元のおわり

この問いの答えを考えるためには，パフォーマンス課題で問われる力がど

んなものかを考えてみるとよいでしょう。それは暗記できる知識や，繰り返し練習すれば上達する技能ではありません。もちろんそれらも重要なのですが，パフォーマンス課題で問うのは，それらを組み合わせてどのように使うのか，ということです。このことを踏まえると，パフォーマンス課題の成果物を完成させるのは一通りの学習が終わった後のこと，つまり単元の最後だと言うことができます。ただし，これには2つの補足事項があるのです。

　第一に，いわゆる応用問題と混同しないように注意してください。教科書を見ると，単元ごとの最後にはそれまでに学習したことを使って解くような応用問題や復習テストが載っていますよね。このような問題を使って，単元の締めくくりとして定着度合いを測るのは大事なことです。しかし，これとパフォーマンス課題とは同じものではありません。応用問題は一度やった問題が「ちゃんと」できるようになっているか，つまり，答えの暗記ではなく解法を覚えているかを問うものです。一方，パフォーマンス課題は，それらの解法を用いて，新しい状況にどのように対応できるかを見るためのものです。適切な解法を選択し，その解法を使えるように状況を整える力を見るのがパフォーマンス課題だ，と言ってもいいでしょう。だからこそ，パフォーマンス課題は取って付けたようなものではなく，その学習内容の本質に根ざしていなければなりません。

　第二に，たとえば発表やレポートというものは，一度まとめて終わりというわけではなく，先生や他の子どもたちから助言をもらってパフォーマンスの質を向上させていくものです。だから，他人からコメントをもらうのは作品が完成した後のことだと考えるのは大きな誤解です。むしろ他人から助言をもらった後に作品を練り直す機会を用意することが重要でしょう。そうすれば，子どもたちは他人からの助言を咀嚼して自分のものとすることができますし，先生はその変化の過程と結果を評価することができるようになります。パフォーマンス課題はたしかに単元の最後に取り組むものですが，だからといって最後にだけしか取り組んではいけないわけではなく，繰り返し取り組むことが重要な場合もあるのです。

（中西修一朗）

—4—

パフォーマンス課題を活かして
単元を構成するポイントは何ですか？

単元構成のポイントには，大きく2つの要素が含まれます。**繰り返し型**と**パーツ組み立て型**です。この2つの考え方を組み合わせることで，単元を構成できます。それぞれどんな特徴をもち，何に注意すべきなのでしょうか。

A 「繰り返し」がポイント

パフォーマンス課題を通して，技能の育成を重視したい場合には，繰り返し型の単元構成を意識するとよいでしょう。繰り返し型は，単元の中で課題に取り組む機会を何度も用意することで，省察を促し，よりよいパフォーマンスができるようにすることを企図した単元構成です。

たとえば，パフォーマンス課題としてスピーチが設定されている場合に有効です。スピーチの場合，話す内容だけでなく，間の取り方やジェスチャーなどの話し方も評価対象となります。しかし，こういうものは実際にやってみないと身につかないものです。だからこそ，スピーチの活動を単元の中に繰り返し設定することが必要です。また，お互いのパフォーマンスや作品を批評し助言し合う活動を導入すれば，学習の機会はより広がることでしょう。ただし，そのような場合，他人を批判して終わりにならないよう，協働的な集団の形成を意識することが重要です。

A 「パーツ組み立て」もポイント

パフォーマンス課題の作品を完成させるには，様々な知識や観点—いわばパーツを組み合わせる必要があります。パーツを順序だって習得し，最後にパフォーマンス課題を通して統合する，これがパーツ組み立て型の単元構成です。この考え方を踏まえると，気をつけるべきことが2つあります。

第一に，課題の達成に必要なパーツを精査し，丁寧に盛り込む必要がある

図4－1 「パーツ組み立て」型と「繰り返し」型

（西岡加名恵編著『「逆向き設計」で確かな学力を保障する』明治図書，2008年，p.12より引用）

ということです。たとえば，「新聞記者になって第一次世界大戦についての記事を書こう」という課題であれば，人口・政治・経済・地勢などの多様な観点の中から，特に重点的に指導したいものを選んで単元計画を立てねばなりません。またこの課題の場合には，当時の新聞記者について理解する時間も用意しておかないと，切実な記事は書けないでしょう。子どもが先生の期待を超えることは喜ばしいことですが，その前提として，子どもに期待することを明確にし，単元計画で漏れなく押さえておく必要があります。

　第二に気をつけるべきは，優れた作品はパーツの羅列ではないということです。人口はこう，政治はこう，と並べても情報の列挙でしかありません。それではきっと，どの子どもの作品も同じようなものになってしまいます。本当に優れた記事を書こうと思えば，人口と政治，経済と地勢など複数の観点を関係づけながら論じねばなりません。この際，どんな観点・知識をどのように組み合わせるかは，子どもによって異なります。だからこそ，パフォーマンス課題の作品は多様で，個性を反映したものとなりうるのです。

A　年間を通じた「繰り返し」と「パーツ組み立て」を構想しよう

　以上の２つの考え方は，年間を通じた指導計画の構成に際しても有効です。スピーチ等の技能は，複数の単元・教科・領域で共通して育んでいくべきものです。また学年の最後に行う単元では，ぜひとも一年間の学習を総動員するようなパフォーマンス課題に取り組んでほしいと思います。年度の始まりにこれを設定しておけば，各単元が一年間の中でどのような役割をもっているのかを見通す助けにもなるでしょう。　　　　　　　　　　　　　（中西修一朗）

パフォーマンス課題を活かした授業づくりのポイント

——5——

パフォーマンス課題を活かす
教材選びのポイントは何ですか？

パフォーマンス課題を活かす教材選びには，2つの道があります。**子ども
にとっての切実さから進む道**と，**学習すべき内容から進む道**です。ここでは，
それぞれについて説明します。ただし，いずれの道を進むにせよ，最も重要
なポイントは，設定した目標を達成するのにその教材が適切なのかを問い続
けることです。子どもにとっての切実さを重視すると，何を学んでほしいの
かが曖昧になりがちです。一方，学習すべき内容を重視すると，学習を通し
て子どもたちにどうなってほしいのかというイメージが抜け落ちてしまうこ
とがあります。どちらも避けるためにも目標を見定めることが重要です。

A 子どもにとっての切実さから考える

各教科の学習内容の背景には学問があります。学問とは，誰かが何かを明
らかにしたいと切実に願ったために生まれてきたものです。つまり，生活に
おいて切実だと感じる問題を丁寧に考えていけば，それは学問の本質に通じ，
学習すべき内容も習得できるはずです。大げさではありますが，生活上の切
実さを手がかりにすることが，教材選びの一つの道であることはたしかです。

ただし，生活といっても大きく2種類に分かれます。一つは，家庭や地域
での生活です。家の人や近所の人が困っていることはないでしょうか。その
地域にはどんなお祭りがあり，どんな施設が充実／不足しているのでしょう
か。これらを丁寧に追うことで見出せる教材は，子どもたちにとって切実で
あるだけでなく，学校と地域との関わりも生み出してくれるでしょう。

もう一つは，学校生活です。学校はそれ自体が子どもたちの生活の場でも
ありますから，様々な問題が生じます。学級において困ったこと，修学旅行
と関連づけて考えたいこと，学校に来る人との関わりでやってみたいことな
ど，数え挙げればきりがありません。

A 学習すべき内容から考える

　学習すべき内容を前提に考える場合にも，やはり目標を明確にすることが重要です。その上で，誰がどんなときに必要とする知識なのかを考えると，パフォーマンス課題の教材が見えてきます。

　たとえば理科で，食塩水を熱すると食塩をとり出せる，ろ紙で濾すことのできる物質は限られている，というような個々の事実を教えたい場合を考えてみましょう。これらの事実だけでは，あまり本質的でもありませんし，パフォーマンス課題の教材も思い浮かんできません。こういう場合には，「物質にはそれぞれ異なる性質があり，その性質を適切に用いると物質を分離することができる」という理解に至ることの方がより本質的です。このような目標を立てられたなら，未知の物質を与えて分離させる実験の計画を，子どもに立案させることが必要だとわかるでしょう。さらに，この実験はなぜ行う必要があるのだろうと考え進めれば，ケーキづくりで間違えて塩を加えてしまったからとり出したい，というようなシナリオを立てられます。

　教科書もまた，パフォーマンス課題の教材を思いつく際の大きな手がかりとなります。なぜなら，教科書は教えるべき知識や技能に満ちていますし，生活とのつながりを意識した問題もたくさん載せられているからです。ただし，教科書は網羅的なものですから，少し工夫を加えることが必要です。

　たとえば，教科書に「1／3Lのペンキで，板を1／4㎡塗れました。1Lでは何㎡塗れますか？」という問題があるとしましょう。この問題を見ると，「この人はどうしてこの数値を測ったのだろう？」「学校で板をペンキで塗るのはどんなときだろうか？」などと様々なつっこみを入れたくなります。これに答えていくと，「今度学校でお祭りをするとき，大きな看板を作って地域の人を歓迎しようと思います。ペンキで塗るのですが，お金がかかるので計画的に進めたいところです。まずは0.5m×0.5mの板で試作品を作ってみて，自分の作りたい看板のためには，実際にどれだけのペンキが必要かを報告書にまとめてください」という素案が考えられます。　　　（中西修一朗）

── 6 ──

子どもの自己評価力を高める指導方法には どのようなものがありますか？

A 評価基準を理解させ，フィードバックする

　パフォーマンス評価には，課題の途中で教師が形成的な評価を行ったり，他者との協働を通して客観的な評価を行ったりできるという利点があります。このことを学習者である子どもの立場で考えれば，自己評価を促す機会が数多く埋め込まれていると言うこともできます。パフォーマンス評価は，容易に点数という一つの尺度に落とし込めない難しさもありますが，それゆえに多様な機会から自己評価力を高める有効な方法にもなるのです。

　ただし，そのための条件が2つあります。一つ目は，目指している結果を評価基準として示し教師と子どもの間で共有しておくこと。二つ目は，課題への取り組みに対して教師から適度のフィードバックを行うことです。

　パフォーマンス評価では，評価方法を設計してから指導が行われます。このとき，評価基準が教師の中だけにあって，子どもたちに理解されていないまま授業が行われれば，自己評価は大変難しくなります。ひょっとすると，単に他人と比較して「みんなこの程度だから，まあ自分もこの程度でいいかな」という相対評価的な自己評価が誤って行われてしまうかもしれません。したがって，ルーブリックを事前に示すなど，評価の基準を共有しておくことはとても大切です（第3章Q8参照）。

　フィードバックの機会は，日常的にあるとも言えますが，教師と子どもの評価のすり合わせを行う場である検討会（第3章Q8，第8章Q4参照）も有効に活用できます。検討会は，ルーブリックなどを用いて教師が基準を示しつつ一斉指導やアドバイスというかたちで行うこともあれば，個々に子どもと対話しながら評価基準を共有・創出するかたちをとることもあります。フィードバックとは，意図したことに照らしたときにどのようにその人が行っ

ているかについて情報を与えることです。「よくできた」「これはダメだ」だけではフィードバックとは言えません。ここで大切なことは，どうすれば「よくできた」と言え，どういった問題があるから「ダメ」なのかを子どもが理解できるよう，目指している結果と照らし合わせつつ事実を伝えることです。こうして子どもは，自分の実態を把握し，自己調整を可能にしていきます。

Ａ　つかず・はなれず・待つ

　自己評価力とは，単に「楽しかったか」「がんばったか」などを捉えるようなものではありません。「取り組んでいる課題に対応して，自分のできている部分とできていない部分を正確に把握することによって，自己調整を可能にしていくような力」（西岡加名恵『教科と総合学習のカリキュラム設計』図書文化，2016年，p.123）です。したがって，自己評価力を高めるという観点に立てば，フィードバックにも注意が必要です。たとえば検討会で個別に子どもに向き合ったときも，きっかけを与えたり，時には導いたりすることもありますが，教えすぎてはいけません。何よりも，教師は子どもの気づきを「待つ」ことが求められます。

　ところで，自己評価を促すことと，自己評価力を高めることは同一ではありません。自己評価を促すことならば，パフォーマンス評価だけが優れているわけではなく，いわゆるテストの点数でもできます。テストでは，点数や正解した問題，間違えた問題から自己評価をすることができます。むしろ点数はある意味でとてもわかりやすい基準かもしれません。近年の外部テストでは，自己評価を促す講評機能が至れり尽くせりの場合がありますから，"手取り足取り"の評価や自己評価を促す仕組みに子どもたちは慣れているかもしれません。悪い見方をすると，自分自身で考えて自己評価できる機会，自己評価力を高める機会を奪われているとも考えられます。自己評価を過度に促すことが，自己評価力を高めることにとって足かせになる場合もあることは心しておかなければなりません。

（次橋　秀樹）

― 7 ―

グループで取り組むパフォーマンス課題は どのように評価すればよいですか？

グループだけでなく個人も評価する

　まず，そのパフォーマンス課題が本当にグループで取り組むべき課題として適切かどうかをよく検討しなければなりません。実際は一人が調べてきて，グループの仲間はそれを写して終わり，ということや，誰かの思考・判断を他の仲間はなぞっただけ，ということも起こりえるからです。

　もし，「独りではできないような作品を作り上げるために，グループの全員で団結して共同作業に取り組む」ことが目指されていたならば，その課題における「個人の責任」を保障するための役割分担も計画しておかなければなりません。その上で，評価についても，グループと個人それぞれに行います。グループについては，成果物としての作品の質が評価対象になります。個人については役割分担に対する貢献度を評価します。このとき，ポートフォリオなどで個人としての活動履歴を残すことが重要になってきます。

　特に，成績づけのように総括的な評価に用いるならば，グループと個人の比重はどうするかなど，評価方法に関する情報共有は個人で行う学習以上に配慮が必要です。

グループ活動が目的化しないように注意する

　グループ活動には多くの利点がありますが，通常，グループ活動は手段であり，目的ではありません。グループでパフォーマンス課題に取り組む場合，グループ活動自体が自己目的化しがちな点にも注意が必要です。

　たとえば，「全員が自らの目標を達成できるようにするために，グループの中でお互いの学習を助け合い，励まし合う」ことが目指されている場合，ルーブリックに「目標達成に向けて，協働して作業する」といった協働の観

点を加えることがあります。しかし，それが課題を通して身につけさせたい力かどうかは問い直さなければなりません。協働は副次的な目的であり，本当に身につけさせたい学力が他にあるにもかかわらず，「協働できていた」ことに満足してしまうことがあるからです。

A 教師以外の様々な評価者を活かす

　グループ活動の評価は，教師によるものだけではありません。仲間による相互評価，自己評価があります。これらを組み合わせて評価することもできます。

　教師による評価について，福嶋祐貴は，複雑なパフォーマンス課題に協働的に取り組む学習において教師が行える評価には限界があるだけでなく，教師が学習の過程においていかにも評価しているという様子で観察したり，個別に質問したりすると，その行為が障害になりうることを指摘しています（福嶋祐貴「協働的な学習の評価のポイント」西岡加名恵編著『「資質・能力」を育てるパフォーマンス評価』明治図書，2016年，pp.128-135）。

　相互評価には，教師の目の届かなかった子どもの学びを捉えることができたり，子どもが仲間の学習に触れることで気づきを得ることができたりする，という利点があります。また，自己評価によって，学びを自己調整していく力を育てる（第4章Q6参照）こともできます。

　効果的で抜けのない評価のために，教師による評価と相互評価，自己評価のそれぞれの利点を活かしつつ組み合わせて評価を行うことも有効です。その際には，評価基準を共有できるかどうかがカギとなります。

（次橋　秀樹）

― 8 ―

学力格差には
どのように対応すればよいですか？

A　学力格差の質を問い直す

　パフォーマンス課題は勉強のできる子どもばかり進めることができて，勉強の苦手な子どもはできない，というのは必ずしも当てはまりません。学力格差を頭から否定するものではありませんが，教師として，現状格差として認識している学力の質を問う（疑う）ことはしておきたいところです。たとえば，筆記テストでは解答できる英語表現が，スピーチといった実演では使えていないということもあります。

　とはいえ，一般的な筆記テストでの成績下位者は，パフォーマンス課題においても苦戦しがちです。勉強の苦手な子どもは，基礎的な知識の反復演習に時間を費やし，活用・応用・総合を行うような問題解決型の学習経験が少ないためにパフォーマンス課題にまで対応できていないという可能性も考えられます。だからこそ，幅広い学力（図1－1 (p.17)，図1－2 (p.19) 参照）を保障するために，評価方法として，筆記テストや実技テストだけでなく，パフォーマンス評価を組み合わせて用いる必要があるのです。

A　パフォーマンス評価の柔軟性を活かす

　知っているか知らないかを問う短答式問題と違い，パフォーマンス課題で問われる「本質的な問い」は，既存知識の有無だけでは対応できない点で多様な子どもがアクセスしやすいものです。また，評価基準として作成されるルーブリックでは，様々な観点とレベルが示されています。つまりは目標を明らかにしつつも，そこに到達できているかどうかを一律に求めるものではなく，現状様々な子どもの個人差があることを認めるものになっています。パフォーマンス評価は，そもそものところで学力格差に対応した柔軟な評価

システムであると言えます。それゆえ，子どもの実態に合わせ，ヒントカードやワークシートを用意したり，グループでの役割を想定したりするなどの丁寧かつ適切な指導上の工夫がいっそう求められます。

　また，ルーブリックでは，学校やクラスの状況に合った基準設定ができる点で集団的な学力格差に対しても柔軟です。裏返して言えば，他の学校やクラスのルーブリックをそのまま用いることは用法上適切とは言えません。たとえば，予備的ルーブリックや他校の実践で用いられたルーブリックに，出来上がった実際の成果物を照らし合わせてみると，「2　もう一歩」「1　かなりの改善が必要」といったレベルに集中してしまうこともあります。その場合，もちろん指導の至らなかった理由を考え，改善を図ることも重要ですが，それとともに，実態を踏まえてルーブリックの記述語やレベルも練り直していくことが適切な場合もあります。

A　適切なパフォーマンス課題を設定する

　パフォーマンス課題に対して，勉強のできる子どもは退屈そうにしていて，苦手な子どもは他の子どもがやるのを見たり聞いたりしているだけ，ということもあります。格差対応といえば，できない子をフォローできるグループを組むことや，教師の個人的な支援のあり方が注目されがちですが，最も大切なことは，適切なパフォーマンス課題が設定されているかどうかです。

　パフォーマンス評価は，ルーブリックも用いながら，観点別に「どの程度できているか」を評価することができる点で，本来はどの子どもにとってもどこかに挑戦的な要素があるものです。もし，子どもにとって，ルーブリックですべての観点において「5　すばらしい」という評価が得られそうだと容易に予測できるならば，それは退屈な授業になるでしょう。

　全員に到達してほしい学力のレベルを考えることだけでなく，教室でパフォーマンス課題に取り組む実際の子どもたち一人一人を想像して，どの子どもにとっても足りていない観点や挑戦的なレベルが盛り込まれた課題になっているかどうかも問うておきたいところです。　　　　　　　（次橋　秀樹）

─ 9 ─

パフォーマンス課題を活かす際には どのような注意点がありますか？

「問いたい力と，それに対応したパフォーマンス課題かどうか」を外さない

パフォーマンス課題はいわゆるアクティブ・ラーニングや協働的な学習を行う際にも相性が良く，さらに子どもたちも高い関心・意欲をもって学べるという点で，「寝ない」授業としても魅力的かもしれません。しかし，その魅力ゆえにパフォーマンス課題が本来の目的から外れてしまうことも見られます。アクティブ・ラーニングにおいて，「アクティブではあるが，ラーニングになっていない」という問題が生じがちであるように，パフォーマンス課題では，「パフォーマンスは見られるが，問いたい学力に対応していない」ということが起こりがちです。例としては，活動はあっても，思考や判断を促すような「問い」が位置づけられていないために，情報を羅列するだけで終わっている歴史新聞や，単元のねらいと照らし合わせると最重要課題とは言えないところに過剰な時間がかけられ，科学的知識の活用や修正のなされないおもちゃづくりなどを挙げることができます。

このように起こりがちな問題を回避するためにも，①「本質的な問い」を明確にして，②これを問わざるを得ないような文脈を想定し，③「本質的な問い」に対応して身につけさせたい「永続的理解」を明文化し，④パフォーマンス課題のシナリオを作る，というプロセスを押さえることが大切になります（詳しくは第2章参照）。魅力的なパフォーマンス課題を意識するあまり，「本質的な問い」と「永続的理解」から離れていくことがないよう注意が必要です。

「パフォーマンス課題を用いる必然性があるか」を確認する

パフォーマンス課題の設計については丁寧さが求められますが，うまくで

きているかどうかのチェックは単純な問いによって行うことができます。「真正の評価」論を提唱する中でパフォーマンス評価の利点を説くダイアン・ハートは、「子どもたちに、何を学んでほしいのか？」「それらの目標を達成したかどうかということは、何を見ればわかるのか？」とシンプルに考えることも勧めています（ダイアン・ハート著，田中耕治監訳『パフォーマンス評価入門』ミネルヴァ書房，2012年，p.135）。

　この根本的な問いは、視点を変えればそこにパフォーマンス課題が必要であるかどうか、ということを考える際のチェックにも用いることができます。単元の最後だからといって、パフォーマンス課題を用いなくてもわかる成果を、わざわざパフォーマンス評価を用いて問う必要はないということです。すべての単元で、時間もかかりがちなパフォーマンス課題を用いる必要もありません。パフォーマンス課題で求められる、様々な知識やスキルを使いこなす（活用・応用・総合する）活動が適した単元であるかの見極めも大切です。

　一方で、同じ教科で単元を変えてパフォーマンス課題を用い、何度も単元ごとの「本質的な問い」に向かえば、教科全体を貫く包括的な「本質的な問い」について繰り返し考える機会を得ることになります。それだけ教科の「見方・考え方」が深まるという利点もあります。したがって、どの教科で、どの時期にパフォーマンス課題を用いるかという、全体的なカリキュラム・マネジメントが重要になります。

A　課題が教室の子どもたちに伝わる工夫が必要

　パフォーマンス課題は挑戦的な課題であるために、子どもたちがチャレンジしたくなるような動機づけも求められます。しかし、せっかく教師が綿密に設計した課題文が、長く、難しすぎるために子どもたちに理解されず、端緒からつまずくこともあります。課題文を練ることはもちろん、織り込まれている問題状況を映像資料で示したり、子どもたち自身の発言から拾い上げたりするなどして共有し、参加を促すための伝え方の工夫が必要です。

（次橋　秀樹）

— **10** —

単元が終わった後，成果物をどうするのがよいですか？

A 返却して終わり…とは限らない

　パフォーマンス評価では，様々な知識やスキルを総合して使いこなすことを求めるような複雑な課題であるパフォーマンス課題を用います。パフォーマンス課題に対する成果物（作品や実演などのパフォーマンス）としては，図１－１（p.17「学力評価の様々な方法」）に示したように，じつに多様なものがあります。

　パフォーマンス課題は，多くの場合，単元の学びの「まとめの課題」として位置づけられます。したがって，単元終了とともに評価を終えた成果物は役目も終えることになります。教師が回収していれば，子どもたちに返却をします。その後は，各自でデータ化してコンパクトに保管したり，長期的な学びを残すポートフォリオに収めたりする場合もあれば，処分するということもあるでしょう。以下では，教師の立場から，作成した子どもたちを直接評価すること以外に成果物を用いる方法を述べておきます。

A ルーブリックの作成と改善に用いることができる

　パフォーマンス評価を行う際に用いられることの多いルーブリックは，子どもの具体的な成果物から特徴を読み取って作成されます。しかし，初めてパフォーマンス評価を行う単元や，新たなパフォーマンス課題を考案したときなど，指導案作成にあたって，子どもの成果物が生み出される前に評価基準を明確にすることが必要になる場合があります。ここで作成されるのが予備的ルーブリックです。予備的ルーブリックは，あくまで仮説として設定されていたものですから，実際の成果物が得られたら，それをもとに改めてルーブリックづくりを行い，記述語を練り直す必要があります。この際に，ル

ーブリックの各レベルに対応する典型的なパフォーマンスの事例となった成果物（アンカー作品）などはコピーをして残しておき，後輩たちへ見せることの承認も得ておくと，次年度以降の子どもたちに示すモデルとなりますし，指導案作成においても，大いに役立ちます。

　一般的に言って，指導案作成ほどには事後検討に時間をかけないことが多いので，予備的ルーブリックの修正とアンカー作品の添付まできちんと行うことはなおざりにされがちです。しかし，これを行うことは，ルーブリックの本来のあり方ですし，今後の同学年の指導に大きな財産を残すことになります。また，同じ子どもたちが探究を深めていく際や，異なる単元で繰り返し「本質的な問い」を投げかける際の目標設定の参考にもなるでしょう。

A 　学校の取り組みについての説明に用いることができる

　近年は，地域や保護者に開かれた学校づくりの視点から，学校の教育内容についての説明責任（アカウンタビリティ）が求められています。学校外部の人間も含めた学校評議員制度や，満足度アンケートの実施，参観日の設定など様々な取り組みがなされています。しかし，ある程度のスパンの学びの成果を具体的に見るということでは十分と言えるでしょうか（高等学校であれば進学・就職実績や模擬試験の過年度偏差値別人数比較のデータなども公表されていますが，これらは果たして「具体的」と言えるのでしょうか）。

　パフォーマンス評価は，理論的に言えば，求められている結果（求めている学力）を決め，次にそれが達成できているかどうかを確かめるための成果物（評価方法）を決め，そして指導計画を決めるという「逆向き設計」論に基づいています。単元でつけたい力を最も端的に表している成果物は，外部への説明においても具体的で，伝わりやすいものです。たとえばポートフォリオは，欧米の学校では説明責任を果たすツールとして，一般的に用いられています。

（次橋　秀樹）

各教科における
パフォーマンス課題,
授業づくりと評価

第
5
章

Q 国語科のパフォーマンス課題，授業づくりと評価はどのようなものですか？

A 「言葉による見方・考え方」を育てることを意識する

国語科の授業では，言語活動が形骸化して活動主義に陥らないために，国語科でこそ身につけなければならない資質・能力とは何かを問う必要があります。そこで，「言葉による見方・考え方」という視点はそのヒントになりそうです。

2017年改訂学習指導要領では，「言葉による見方・考え方」を基礎に置く資質・能力の育成とは，普段何気なく使用している言葉を意識的に問い直し，「言葉そのもの」への理解を深め，「言葉を通じた理解や表現」の精度を高めることだと捉えられているようです。しかしながら，「言葉による見方・考え方」の捉え方は，いまだ論争的であるため，以下では「言葉による見方・考え方」とは何かを考えていく上で，参考になる実践事例を見ていきたいと思います。

A 小学校3年生「地域のいいところを見つけよう」の実践

まず紹介するのは，小学校教諭である瀬川千裕先生による「報告書の文章の書き方」という単元の実践です。この単元における「本質的な問い」は，「事実はどのように伝えればよいのか（方法論）」「相手に伝わりやすい文章とは何か（概念理解）」です。この「本質的な問い」に対応して「地域のいいところ」を伝える新聞記事を書くというパフォーマンス課題が設定されています。地域のことを調べて新聞記事にまとめるという課題は，社会科の授業でも行われることがあります。しかし，この実践では，第4次で新聞の型をまね，第5次では実際の新聞記者をゲストティーチャーとして招き，子どもたちは，「相手に伝える」ことを意識した文章の書き方を学んでいます。

表5－1 「地域のいいところを見つけよう」の単元計画，パフォーマンス課題，ルーブリック

	第1次	地域にどのようなモノ・コト・ヒトが存在するのか調査する。
単元計画	第2次	地域に「いいところ」を見出し，フィールドワークやインタビュー，文献調査を行う。
	第3次	「地域のいいところ」を伝えるための手段である，「報告する文章」において必要となる事項を学習する。
	第4次	「報告する文章」の典型例である新聞にならって，文章の下書きをする。
	第5次	ゲストティーチャーである新聞記者から「相手に伝える」文章を書くための視点を得る。
	第6次	文章を推敲する。
	第7次	推敲した文章を新聞記事として書き，「地域のいいところ新聞」としてまとめる。

パフォーマンス課題
あなたは地域に根ざした情報を取り上げる新聞記者です。この地域に住んでいる人々に「地域のいいところ」を伝えることになりました。取材・調査したことをもとに，新聞記事を書きましょう。

ルーブリック	
3	「いつ・どこで・だれが・なにを・なぜ・どのように」を明確にするとともに，それらと自分の意見を区別し，文章における常体と敬体の違いや主語と述語の関係といった表記に注意して，時系列やテーマに沿って構成された新聞記事を書くことができる。
2	「いつ・どこで・だれが・なにを・なぜ・どのように」のうち「なぜ・どのように」が明確ではないが，それらと自分の意見を区別し，文章における常体と敬体の違いや主語と述語の関係といった表記に注意して，時系列に沿って構成された新聞記事を書くことができる。
1	「いつ・どこで・だれが・なにを・なぜ・どのように」のうち，そのほとんどが明確ではなく，インタビュー対象者の意見を自分の意見としている。文章における常体と敬体の違いや主語と述語の関係といった表記に注意して，段落分けのされた新聞記事を書くことができる。

（瀬川千裕先生ご提供の資料を参照した）

このように国語科としての「本質的な問い」を意識することで，社会科の調べ学習ではなく，国語科固有の学びを追求していると言えます。

A 高等学校3年生「短歌を創ろう」の実践

　渡邉久暢先生の事例に即して，「言葉の見方・考え方」を育てる上で，「教材」と「問い」の精選が重要である点や振り返りが有効である点を説明していきます（表5−2参照）。渡邉先生は，変化の激しいこの時代を生きていくために子どもたち一人一人が，言語を媒材として自分の人生の物語を編んでいくことができるように育ってほしいと願い，本単元では次の3つの目標を掲げています。すなわち，「経験を問い直し，ことばとことば，ことばと対象をつなぐ」「つないだ関係性を，対話を通して問い直し，吟味して意味付ける」「自らのものの見方，感じ方，考え方を見つめ直したり，深めたりする」です。これらの目標を達成するために設定される学習課題は，「良い短歌とはどのようなものか」という視点を意識して選び取られています。この学習課題を構成しているのは，「教材」と「問い」です。したがって，良質な学習課題づくりには，「言葉による見方・考え方」を意識して子どもが思考せざるをえない「教材」と「問い」を精選することが大切であると言えるでしょう。たとえば，この実践では，「地域の短歌同人に披露する，自分らしい短歌とは」という「問い」が設定されています。

　この実践のもう一つの特徴は，個人やグループ内での振り返り，教師だけでなく専門家にも開かれた評価の場を設定することで，子どもたちが自身の「見方・考え方」を相対化して自己認識を深めることを意図している点です。単に振り返りをさせればよいわけではなく，子どもたちが目標に即して自己評価をしたり，自らの認識枠組みをメタ認知したりできるような工夫が，積極的かつ意図的に組織される必要があると言えるでしょう。

表5－2 「短歌を創ろう」の学習活動

時間	学習活動
1	『短歌をつくろう』（栗木京子）に基づき「飛び出すな車は急に止まれない」などの標語を短歌の上句あるいは下句に見立てて，残りのことばを足す。
2	山川登美子記念館にて，イベントの企画意図の説明を聞いた上で，短歌創作・展示の依頼を直接受け，実際に自身の短歌が展示されるイメージをもつ。
3	『短歌に親しむ』（佐佐木幸綱）に基づき，経験を想起したり新たに取材したりして，自身が詠む題材を選択する。具体的に細部まで詠み込むことの重要性を理解した上で，個性的な短歌を詠む。
4	『短歌の不思議』（東直子）『短歌カンタービレ』（尾崎左永子）に基づき，短歌の穴埋めを行い，クラスメイトと交流する。ことばの選択の重要性を理解した上で，短歌の構想を練り上げ適切なことばを選択し，構成を吟味する。
5	クラス全員の短歌についての教師からのコメントを参考にしたり，自作の短歌についてクラスメイトからの評価を受けたり，『現代短歌作法』（小高賢）等を参考にしたりしながら推敲する。
6	『初めての短歌』（穂村弘）に基づき，短歌の穴埋めや，良歌の選択を行い，自身の短歌を吟味する観点を獲得した上で，さらに推敲する。
7	教師やクラスメイトからのアドバイスを受けながら推敲を重ね，山川登美子記念館に展示する短歌を決定する。
8－11	1．自身が歌の完成に至るまでの題材の選択・構想・ことばの選択・構成のプロセスをふりかえる。 2．自身の歌と作歌のプロセスを参観者に紹介し評価を受ける。 3．自身の世界認識・自己認識を文章化し，クラス短歌集としてまとめる。 4．作歌した短歌は「前田純孝賞」学生短歌コンクール等のコンクールに応募する。
12－14	1．題詠等の手法を用い，全員が同じテーマにて歌を詠む。 2．歌会の形式で相互評価した上で，単元全体をふりかえる。
15－16	1．自身が歌の完成に至るまでの題材の選択・構想・ことばの選択・構成のプロセスをふりかえる。 2．自身の歌と作歌のプロセスを短歌同人に紹介し評価を受ける。 3．自身の世界認識・自己認識をノートにまとめる。 4．作歌した短歌は「山川登美子記念短歌大会」に応募する。

（渡邉久暢「教養に裏打ちされた『言語行動主体』を育てる」『福井県立若狭高等学校研究雑誌』第47号，2017年，pp.20-21より引用。 http://www.mitene.or.jp/~kkanabe/2017-kenkyuuzassi.pdf）

（若松　大輔）

各教科におけるパフォーマンス課題、授業づくりと評価

——2——

社会科のパフォーマンス課題, 授業づくりと評価は どのようなものですか？

A 「社会的な見方・考え方」を育てることを意識する

社会科の授業では，教科固有の「社会的な見方・考え方」を働かせる学習活動を組織することで，そのような「社会的な見方・考え方」を習得させていく授業が考えられます。ここでいう「社会的な見方・考え方」とは，社会事象を分析・把握する上での視角と言えます。たとえば，環境問題を考えるとき，地理的に条件の異なる2つの地域を比較する場合と，同じ地域の現在と過去を比較する場合とでは，社会事象（この場合は環境問題）に対して異なるメスの入れ方をしているのです。

子どもに身につけさせたい「社会的な見方・考え方」を設定することで，子どもたちは具体的に思考することができます。そもそも日常で，社会または社会事象を認識しようとするときには，大人も子どもも自身の分析枠組みで理解しているのです。社会科の授業では，この枠組みを鍛えて，社会事象をよりクリアに認識することを目指したいものです。そのためには，教師は「社会的な見方・考え方」を具体化して，子どもたちがこの視点を意識しながら問題解決する経験を準備する必要があると言えるでしょう。では次に，実践事例に即しながら，「社会的な見方・考え方」を育てる授業とパフォーマンス課題について説明していきます。

A 中学校3年生「わたしたちと政治」の実践

三藤あさみ先生の実践に即して，パフォーマンス課題と授業づくりのポイントを説明していきます（表5-3参照）。社会科全体を貫く包括的な「本質的な問い」として，「幸福と平和とは何か。どうすれば，平和で幸福な社会を築けるのか」が設定されています。その上で，本単元では「民主主義とは

表5−3 「わたしたちと政治」の単元計画，パフォーマンス課題，ルーブリック

単元計画	第1次	日本国憲法について （1−15時）
	第2次	政治のしくみについて （16−28時）
	第3次	パフォーマンス課題の下書き及び検討会 （29−33時）
	第4次	パフォーマンス課題の清書及びプレゼンテーション，学習のふりかえり （34−38時）

パフォーマンス課題
あなたは政治の研究者です。国際連合では，さらに民主的な国家を世界に増やしたいと考えています。しかし，現在，「民主主義とは何か」については意見が分かれています。そこであなたは，「民主主義とは何か。民主的な国家をつくるためにはどうしたらよいのか」について提言レポートを頼まれました。国連の会議でレポートをもとにプレゼンテーションをしてもらいます。それには次の内容が含まれている必要があります。 (1)民主主義とは何か。なぜ大切なのか。 (2)民主的な国家にするためにはどのような政治のしくみをつくる必要があるのか。 (3)より多くの国民が政治に参加するためにはどうするべきなのか。なるべく具体的に例を挙げて，説得力のある提案をしてください。

ルーブリック〔紙幅の関係で一部省略〕	
5	・民主主義とは何か，民主的な国家をつくるためにはどうしたらよいのかに関する結論が述べられている。また，その結論はそれまでの内容から引き出されているので強固な主張となっていて説得力がある。 ・最適な資料が効果的に使われていて全体的にわかりやすい構成である。
3	・民主主義とは何か，民主的な国家をつくるためにはどうしたらよいのかに関する結論にあたるものがないか，内容との関連づけが甘いため説得力がもう一息である。 ・資料を使って説明している。
1	未完成のため主張が明確でない。

(三藤あさみ「検討会で関連づけて思考する力を育成する」西岡加名恵・田中耕治編著『「活用する力」を育てる授業と評価 中学校』学事出版，2009年，p.35，41より一部抜粋)

何か。民主的な国家とはどのようなものか」という「本質的な問い」が設定されました。この「本質的な問い」に対応する「永続的理解」は，「民主主

各教科におけるパフォーマンス課題，授業づくりと評価

義とは人民の，人民による，人民のための政治形態である。民主的な国家とは，国民の基本的人権が守られた社会で，その国民が政治に参加して意思決定がなされていく国が民主的な国家である」としています。この「永続的理解」は，「社会的な見方・考え方」を具体化した政治形態としての見方・考え方の一つだと言えるでしょう。このような「本質的な問い」と「永続的理解」を念頭に置いて，単元末のパフォーマンス課題と単元計画を作っています。

　この実践は，子どもが最終的にパフォーマンス課題に取り組むことを意識して，授業づくりの局面においても2つの工夫が見られます。一つ目は，知識の習得を主眼に置いている毎授業のワークシートにもパフォーマンス課題が示されていることです。この工夫により，子どもは常に「民主主義とは何か」という視点で授業に臨むことができます。二つ目は，パフォーマンス課題に取り組むまでの授業において，「社会権はなぜ，基本的人権に位置づけられる必要があるのか」等の自由記述問題に取り組ませて，パフォーマンス課題につながる概念的知識を獲得させていることです。また，このことが，普段から思考して書く練習の場の保障につながっている点も特筆すべきでしょう。

A　小学校5年生「日本の農業問題」の実践

　小学校の事例で「社会的な見方・考え方」と評価の実際を説明していきます（表5-4参照）。

　全3時間の本単元は，第1次で教科書を概観して，農業に関する状況や課題を押さえます。その中で，「どうすれば，日本の農業問題を解決することができるのだろうか」という「本質的な問い」が設定されました。子どもたちは，自然条件を活かした工夫や農家と行政の連携について学び，農業問題の解決策について議論（パフォーマンス課題）していきます。

　ルーブリックに示されているように，農業問題に対して「空間的，関係的な視点」（見方）で，「比較，関連づけ，総合して考える」（考え方）ことを

表5－4　「日本の農業問題」のパフォーマンス課題とルーブリック

パフォーマンス課題
日本の農業はピンチである。「どうすれば日本の農業問題を解決することができるだろう」。日本の農業の問題を解決するために，日本一の米どころ「庄内平野」と地元「讃岐平野」の米づくりを比較して調べ，自分たちの力で解決策を見出そう。

	ルーブリック
A	空間的，関係的な視点で社会的事象を捉え，多様な事象を比較，関連づけ，総合し，学びを通して問題解決を面で行っている。 また，身につけた見方・考え方で世の中を捉え直している。
B	空間的，関係的な視点で社会的事象を捉え，具体的事象同士を比較，関連づけ，総合し，問題解決を線で行っている。 また，学びを単元の問いと意味づけている。
C	空間的，関係的な視点で社会的事象を捉え，個別的な事象を比較，関連づけ，総合し，問題解決を点で行っている。 また，学びを本時の課題と意味づけている。

（黒田拓志「パフォーマンス評価で【目的】【内容】【方法】【評価】を明らかにする」『社会科教育』No.690, 明治図書，2016年10月，p.62, 65より引用）

意識して問題解決をすることで，これらの「見方・考え方」を習得することを目指しています。

　この実践のように，子どもが明文化された作品を作るわけではない課題の場合（今回はディスカッション），教師は，授業中の子どもの発言や些細なつぶやき，ノートの記述を瞬時に見取って授業に活かす（評価する）必要があります。実践者の黒田拓志先生は，ルーブリックにも反映されていますが，子どもの学びにおける質的な転換点を「点」から「線」，そして「面」へと多角的で総合的な問題解決力に見出しているために成功していると言えるでしょう。すなわち，シンプルで明瞭な学びの発展の姿を想定しているので，即興的な評価活動が行えるのです。

（若松　大輔）

― 3 ―

Q 算数・数学科のパフォーマンス課題，授業づくりと評価はどのようなものですか？

A 応用問題以上の意義をもつ

　算数・数学科では学習内容を総合・活用する際，これまで主に単元末の応用問題などが取り組まれていました。応用問題では，たとえば既習の面積の公式を活用しながら複雑な図形の求積を行うなどの活動が行われていました。しかし，パフォーマンス課題と従来の単元末の応用問題は必ずしも同じというわけではありません。第一に，パフォーマンス課題は数学者が取り組むような事象や日常生活において生じる多義的な事象を射程に置くものと言えるでしょう。第二に，パフォーマンス課題の導入によって授業がパフォーマンス課題の解決に向かって進展し，学習が目的意識をもったものとなります。

　第一の点について，2017年改訂学習指導要領で提示された「数学的な見方・考え方」が参考になるでしょう。算数・数学科における「数学的な見方・考え方」は数学的な事象だけではなく，日常生活において生じる事象を数量や図形の観点から分析し，公式などの根拠をもとに解決の筋道を立てて発展的・統合的・総合的に考えていくことと言えます。

　この「数学的な見方・考え方」の射程にある事象は数学的な性格をもつだけではなく，日常生活の文脈にあると言えます。日常生活における事象の場合，たとえば関数のように，日常生活の事象を変数に落とし込むことで日常生活から数学の世界へ飛躍し，さらに再び生活文脈に落とし込んで問題解決を行うことが可能でしょう。しかし，日常生活では様々な変数が存在しており，一つの答えを求めることが困難です。以上のように，これらの事象に対する答えは単元末の応用問題のものとは異なり，一つにならない，もしくは複雑な論証過程を含むものとなります。

　第二の点については次に述べる，パフォーマンス課題を中心に展開した小

学校5年生の単元「面積」を例に検討してみましょう。単元「面積」では,三角形や台形など様々な図形の求積公式を用いて未知の図形の面積を求めるという学習活動が想定されます。この活動をより現実の文脈に即して行うために,表5−5のようなパフォーマンス課題を設定しました。パフォーマンス課題ではTAKAKURA◊の文字の面積を求めます(図5−1,図5−2参照)。たとえばTは2つの長方形に分解でき,Uは①から順に長方形,直角三角形,平行四辺形,台形と使っていくことでUがより曲線に近くなります。

　単元「面積」はこのパフォーマンス課題を軸に展開されます。次ページの表5−6では単元計画が示されています。この単元ではたとえば,第1時限目でTやU①を用いて4年生で学ぶ長方形の面積の公式の復習を行います。KとAは平行四辺形や台形についての学習内容と結びついています。このようにこの単元はパフォーマンス課題が単元末に置かれておらず,単元の中で繰り返し取り組まれるという特徴をもっていると言えるでしょう。

図5−1　看板のイメージ

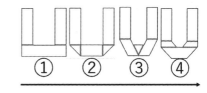

図5−2　Uの展開例

表5−5　「面積」のパフォーマンス課題

パフォーマンス課題
高倉の地域には,いろいろな国の方が住んでいます。その方たちが高倉小学校に来られた時にわかるように,英語で「TAKAKURA◊」と看板をつくることにしました。ですが,色紙を何枚使えばいいかわかりません。色紙はたくさん買うと高いので,台紙に貼る色紙がどれだけ必要か計算することにしました。色紙が何枚必要かを5年2組の友達に分かるように説明しましょう。

(京都市立高倉小学校 谷口紗矢佳先生の実践。徳島祐彌「5年生算数科『面積』におけるパフォーマンス評価」『教育方法の探究』21号,2018年,p.32参照)

各教科におけるパフォーマンス課題、授業づくりと評価

表5－6　「面積」の単元計画

時数	授業の概要	文字
1	パフォーマンス課題の説明 Tで長方形の面積の求め方を確認する U①とU②で直角三角形の導入をし，直角三角形の面積の求め方を考える	T U① U②
2	一般的な三角形の求め方を考える 公式を使ってU②の面積を求める	U②
3	公式を使ってU②の面積を求める	U②
4	四角形の面積を2つの三角形で考える	
5	平行四辺形の面積の求め方を考える 公式を求める	（K） U③
6	平行四辺形の面積の求め方を考える	
7	高さが外側にある三角形の面積を求める	
8	三角形の高さや底辺の関係を考える	
9	台形の面積の求め方について考える	U④ （A）
10	ひし形の面積の求め方について考える	火
11	Aの面積の求め方を考える	A
12	Kの面積の求め方を考える	K
13	Rの面積の求め方を考える	R
13時数目と帯時間に「TAKAKURA火」の文字の看板を制作するのに必要な色紙は何枚かを説明する。			

（京都市立高倉小学校　谷口紗矢佳先生の実践。徳島祐彌「5年生算数科『面積』におけるパフォーマンス評価」『教育方法の探究』21号，2018年，p.33を参照して筆者作成）

　様々に図分解できる TAKAKURA火 について子どもたちは単元を通して文字の各辺を自ら計測し，多様な解法を考え，他の子どもたちに説明して共有します。また，第1時限目のTから第13時限目のRに至るまで，既知の図形に分け，面積の公式を適用して求積するという方法に貫かれています。そのため，はじめは複雑な図形に対して手が止まってしまう子どもも次第に既知の図形によって文字を分解し，面積を求めるようになりました。

特に第13時限目のRでは，①から④へと徐々に丸みを帯びていったUの面積の解法を応用しながら学ぶ子どもたちも多く見られました。これは表5－7のルーブリックの「数学的な考え方」に対応しています。この観点ではたとえば，曲線を含むRを「は（早く）・か（簡単に）・せ（正確に）」という観点で既知の図形に見立てて分解することが想定されています。この活動を通して，正確な面積が求められない図形に対しても既知の図形によって分解することでおおよその図形の面積を求めることができます。このようにパフォーマンス課題によって日常生活の複雑な問題を授業の射程に置くことができます。

　日常生活の文脈だけではなく，たとえば数学者のように定理を証明したり，事象から一般化して得られた結論をさらに数学的に発展的に捉えたりする活動もパフォーマンス課題として挙げられます。これによって子どもたちが学習内容を活用し，さらなる深い理解がもたらされるでしょう。

表5－7　「面積」のルーブリック

	数学的な考え方	数量や図形についての技能
3	より早く正確に面積を求めるために，複雑な図形を既知の図形に見立てて分ける方法を工夫し，図に表して説明している。 ［徴候］台形や平行四辺形などの図形を組み合わせて面積を求めている。	説明がわかりやすいように工夫されている。 ［徴候］図に，面積を求めるために必要な長さが記入されている（大きく数値がずれないようにしている）。
2	面積を求めるために，複雑な図形を既知の図形に見立てて分け，図に表して説明している。	面積を求めるために必要な情報が示されている。 ［徴候］計算式だけ書かれている。
1	【支援】複雑な図形を既知の図形に見立てて分けることができない児童には，補助線を引き，面積を求めることができるようにする。図形の面積を求めることが困難な児童や長さを測る際に手が止まってしまう児童には，側面掲示でこれまで学習してきた図形の面積の公式やどこの長さを測ると良いのかを確認することができるようにする。	

（京都市立高倉小学校　谷口紗矢佳先生の実践。徳島祐彌「5年生算数科『面積』におけるパフォーマンス評価」『教育方法の探究』21号，2018年，p.33を参照して筆者作成）

（市川　和也）

── 4 ──

理科のパフォーマンス課題，授業づくりと評価はどのようなものですか？

A 「理科の見方・考え方」を育てることを意識する

　理科の授業でこそ育てるべき学力を考える上で，「理科の見方・考え方」という概念を手がかりにしていきたいと思います。2017年改訂学習指導要領では，他教科とは異なり，理科は「見方」と「考え方」を意識的に区別して，記述されています。「見方」も「考え方」も「物事を捉える視点や考え方」なのですが，とりわけ「見方」は，「エネルギー」「粒子」「生命」「地球」という領域構成に対応して示されています。つまり，「エネルギー」領域では主として「量的・関係的な視点」，「粒子」領域では「質的・実体的な視点」，「生命」領域では「多様性と共通性の視点」，「地球」領域では「時間的・空間的な視点」です。たとえば，「生命」領域で考えると，生物を分析していく視点として，「共通性」を軸に見ていくとすべて細胞からなるということが見えてきますが，他方で「多様性」を軸に見ていくと環境に応じたそれぞれの生き方をしていることがわかります。ただし，示された「見方」は，領域固有の「見方」ではなく，領域との相性がよい「見方」である点には留意する必要があります。次に，「考え方」について見ていきましょう。「考え方」は，問題解決過程で用いる思考スキルのことで，「比較する」「関係づける」「条件を制御する」「多面的に考える」の4つが示されています。特に，「条件を制御する」という「考え方」は，自然科学の実験方法の基礎であり，他教科の問題解決と比較して，とりわけ理科で重んじられる「考え方」だと言えるでしょう。

　教師は，「理科の見方・考え方」を手がかりにしつつ，目の前の子どもに対して「理科の授業でこそ身につけさせるべき学力とは何か」を問い，目標や学習課題の設定を行っていく必要があります。

A 小学校5年生「動物のたんじょう」の実践

　中井俊尚先生の小学校5年生の「生命」領域の単元「動物のたんじょう」を例に，パフォーマンス課題と授業づくりの実際について説明していきます（表5-8参照）。

　この単元を通して生命の連続性を捉えさせたいと考え，次のような「本質的な問い」が設定されています。「動物は，どのように生命を受け継いでいるのだろうか」です。学習活動は，4つのパートで展開されています。まず，第1次でパフォーマンス課題が示され，今後の学習の方向性を子どもと共有します。つづく第2次では，実際に子どもがメダカを飼育し，受精卵が孵化して成長していく様子を観察させます。この時に，教師は「実線で書く」などスケッチの方法を指導するだけでなく，「時間的変化」や「予想とその検証」など観察の作法も指導しています。このような観察記録の書き方を指導することで，単なる飼育に終わらず，理科としての見方を育てる飼育になっています。そして，観察記録をもとにしてメダカの一生を図と文字で説明させています。第3次では，メダカのライフサイクルを他の生物と比較するために，子どもたち各々が調べたい生物を選び，同様のライフサイクル作品を作らせています。ここでは，メダカと新たに調べた生物との共通点と相違点を意識的に書くように指導しています。このことにより，「生命」領域の「見方」（共通性と多様性）と「考え方」（比較すること）を働かせる学習活動となっていると言えます。最後に第4次では，子どもたちが自身の作品を持ち寄って，ライフサイクルに関する自分の考えを交流し，その多様性の上に共通項としての生命の連続性を捉えることができるように，学習を組織しています。

　この実践は，理科固有の学びになるように，「理科の見方・考え方」を意識した積極的な指導の上に，子どもたちの興味・関心から自由に調べる活動も設定されています。

表5－8 「動物のたんじょう」の単元計画，パフォーマンス課題，ルーブリック

単元計画	第1次	メダカについて知っていることを発表させて，多くのわからないことがあることに気づかせる。その上でパフォーマンス課題を示して学習の見通しをもたせる。
	第2次	メダカを飼育して，観察記録を取らせる。その観察記録を用いて，スケッチを用いたメダカのライフサイクルの作品を作らせる。
	第3次	メダカのライフサイクル作品をもとに，自分が調べたい生物を選び，調べ学習をしてその生物のライフサイクル作品を作らせる。その上で，メダカと自分が調べた生物の共通点と相違点をまとめさせる。
	第4次	ライフサイクル作品の制作を通して気づいたことを交流させ，生命の連続性を捉えさせる。

パフォーマンス課題
あなたは，理科委員です。全校生に学校で飼っているメダカの一生（ライフサイクル）がわかるイラスト入りの掲示物を作りなさい。卵の中の変化の様子がよくわかるようにしなければなりません。また，他の生き物と比べて，共通点や相違点を書き加えなくてはなりません。

ルーブリック〔紙幅の関係で一部省略〕	
5	雌雄の違いがおさえられて，成長の進み方（様子）がわかるライフサイクルが描け，多くの着眼点で比較し卵の数・成長の日数・寿命・胎生や卵生の違いがあるが，卵が受精して生命が始まり，やがて親となり種を保存しているという生命の連続性に気づいている。
3	雌雄がおさえられて，成長の進み方（様子）がわかるライフサイクルが描け，受精して成長することがわかっている。
1	観察したことや調べたことをまとめて描くことができたが，感想になっている。

（中井俊尚「ライフサイクルを捉える」西岡加名恵編著『「逆向き設計」で確かな学力を保障する』明治図書，2008年，pp.64-73を参照して筆者作成）

A 中学校３年生「科学技術と人間」の実践

　次に，子どもたちが問題解決にのってくる課題設定の工夫を紹介していきます（表5－9参照）。

表5－9　「科学技術と人間」のパフォーマンス課題，評価規準

パフォーマンス課題
現在，日本には多くのテーマパークが存在しています。中でも派手な動きをするアトラクションが人気ですが，昨今のエネルギー事情や地球環境問題を考えると，できるだけ環境に優しいアトラクションが望まれています。そこで，アトラクションを動かしているエネルギーを探り，そのエネルギーの損失を少なくしたり，エネルギーを再利用したりする工夫を加え，自分の考える環境に優しいアトラクションを考案し，提案しなさい。
評価規準〔紙幅の関係で一部省略〕
・アトラクションを動かしているエネルギー（電気エネルギーや位置エネルギーなど）を見つけ出し，そのエネルギーは様々な形のエネルギーに変換され，自然界に存在し，循環していることを指摘している。 ・アトラクションを構成している材料（材質）から，摩擦による熱エネルギーや音エネルギーの発生に気づき，エネルギーの損失（無駄）を生み出していることを指摘している。 ・自ら考案したアトラクションを動かすエネルギーが環境に与える影響を考慮して，太陽光や風力などの自然エネルギーを積極的に利用している。

（下川智紀「導かれるエネルギー」田中耕治編『パフォーマンス評価』ぎょうせい，2011年，p.161，164より一部抜粋）

　本単元は，子どもが「エネルギーが様々な形に相互に変換されたり，保存されたりして，循環している」というエネルギーに関する「見方」を理解することをねらいとした実践です。その場合に，エネルギーに関する原理的理解を超えて生活世界への応用可能性を視野に入れた課題を設定しています。また，この課題に取り組ませるとき，口頭で「巷では様々なものに対して『ECO』が叫ばれる中，テーマパークにおける『ECO』はなぜ問われないのか」と尋ね，子どもの生活と結びつけて，パフォーマンス課題に取り組むモチベーションを高めています。このように，子どもたちがなぜこの課題に取り組む必要があるのかという視点は，子どもが前のめりで問題解決をしようとするような課題を開発する際の一つのポイントになります。

（若松　大輔）

― 5 ―

音楽科・美術科のパフォーマンス課題，授業づくりと評価はどのようなものですか？

A 表現・鑑賞活動を洗練させる

　芸術系教科ではパフォーマンス課題の登場を待つまでもなく，絵画の制作や歌唱，鑑賞などの活動が行われてきました。しかし，パフォーマンス課題が従来の表現・鑑賞活動と同じとは限りません。たとえばある楽曲を演奏する授業であっても，その楽曲を覚えて演奏するだけであれば楽譜を暗記・再現する活動にとどまります。パフォーマンス課題はこれまでの学習内容を総合しながら取り組む必要のある課題です。このことからパフォーマンス課題によって表現・鑑賞活動がより洗練されると言えるでしょう。

　表現・鑑賞活動がよりよいものとなるためには，「本質的な問い」や「永続的理解」に対応した「見方・考え方」を意識しながら授業づくりを行う必要があります。この例として，単元「鑑賞」の「有拍・無拍を感じ取って日本の民謡を味わおう」が挙げられます（横山真理「中学校音楽科鑑賞領域の授業における「批評」のルーブリック開発の視点」『教育目標・評価学会紀要』第21号，2011年，pp.67-77）。パフォーマンス課題は「《ソーラン節》《小諸馬子唄》の魅力を人に伝えるために，CDジャケットの解説を考えて書こう」です。

　この単元では，楽曲の背景や拍の特徴を理解して批評するだけではなく，拍の特徴を自ら表現させることによってその特質や雰囲気を体験的に感受させます。これらの活動を通して最後にパフォーマンス課題で批評文を書くことで，子どもは実感を込めながら楽曲に対する評価を行うことができます。

　「本質的な問い」，「永続的理解」，ルーブリックについては表5-10に記載しています。「本質的な問い」と「永続的理解」では拍の特徴の知覚と，拍によって生み出される音楽の曲想の感受を関連させることが重視されます。これに授業も対応しており，それによって実感を伴いながら楽曲を批評する

ことができます。ルーブリックでは拍の特徴と関連しながら価値判断することが条件となっており，批評の際に深い理解が求められると言えるでしょう。

　ここでは「見方・考え方」によって，拍の特徴を知覚し，よさを感受することが授業の中心となりました。この他に，音楽が自分にとってどのような意味や価値をもっているかという問いを「本質的な問い」にすることによって，自分の価値観を豊かにするパフォーマンス課題を構想できます。パフォーマンス課題の導入によって学習内容の理解が深まり，さらに自らの価値観が豊かになり，その結果表現・鑑賞活動が洗練されると言えるでしょう。

表5-10　「鑑賞」の「本質的な問い」，「永続的理解」，ルーブリック

「本質的な問い」	
方法論	概念理解
日本の民謡の味わいや魅力はどのように捉えることができるのか？	日本の民謡の味わいや魅力とは？

「永続的理解」
日本の民謡には，明らかな拍節を刻む有拍と，定型の拍節を刻まない無拍（自由な拍）の特徴の2種類の音楽がある。有拍のリズムからは例えば勢いや爽快感など，無拍のリズムからは例えばのびやかさや奥深さなどが味わえる。このように，リズムなど音楽を形作っている諸要素から生み出されるのが音楽の曲想（特質や雰囲気）であり，一人一人の人間はそれらを個性的に感じ取る。音楽作品を構成する音楽の諸要素と曲想とを関連づけて味わったり文化的背景を理解したりしながら表現や鑑賞活動をおこない，それらの活動を経て得た理解を根拠に日本の民謡について批評する。

ルーブリック〔紙幅の関係で一部省略〕	
5	①〈指導内容に対する知覚と感受を関連づけた思考〉 ・ワークシートの記述を活用しながら有拍・無拍の特徴の知覚とそれらが生み出す特質や雰囲気の感受を関連づけて思考し，音楽を解釈している。 ②〈価値判断〉 ・①を根拠にして音楽の価値を捉えた明確な評価がある。
3	・上記①についての記載がある。 ・必ずしも上記①を根拠としているとは言えない価値判断と推察されるが，自分なりに日本の民謡の価値について評価している。
1	・指導内容についての知覚や感受の内容が断片的に出てくるが，関連性が見られない。 ・価値判断がなく感想や説明にとどまっている。

（横山真理「中学校音楽科鑑賞領域の授業における「批評」のルーブリック開発の視点」『教育目標・評価学会紀要』第21号，2011年，p.72を参照して筆者作成）

（市川　和也）

6

保健体育科のパフォーマンス課題，授業づくりと評価はどのようなものですか？

高等学校2年生「偶然を必然に変えるバレーボール〜問いから生まれる攻防〜」の実践

　体育科の授業では，体を動かしてゲームをすることが一般的であるため，すでにパフォーマンスを要求する活動が行われています。今後は従来の活動を「深い学び」の伴う学習活動へと発展させていくことが望まれます。体育科における学習を伴う活動とはどのようなものか，実際の実践に即して説明していきましょう。

　紹介するのは，森大光先生のバレーボールの実践です（森大光先生ご提供の資料を参照した）。この実践では，「本質的な問い」として「相手コートにボールを落とすには，どのようにチームで攻撃すればよいか」「自コートにボールを落とさないために，どのようにチームで守備をすればよいか」が設定されています。したがって，得点を偶然の産物とするのではなく，得点のために考えてプレイできるような子どもを育てようとしているのです。ここで留意しなければならないことは，「本質的な問い」を設定したからといって，すぐに「深い学び」が伴う活動になるわけではありません。「本質的な問い」に対応した学習課題の工夫が必要です。そこで森先生は，子どもたちに考えさせる方略として，ワークシートと「問い」を活用しています。たとえば，現状を分析するために，教師は「どんなミスが多かったか，またその原因は何か」と問い，子どもたちは自身やチームのプレイを振り返り，分析したことをワークシートに言語化するといった具合です。このように教師のねらいを明確にして，学習課題を工夫することで，体育科の授業は，学習を伴う活動になっていくと言えるでしょう。

A 小学校4年生「立町小学校を楽しくするために考えよう！」の実践

　岩田礼子先生の単元「育ちゆく体とわたし」の実践を紹介します。この実践では，思春期の心と体の変化を理解することで自他を大切にする心を育んでほしいという願いから，本単元の「本質的な問い」として「人の体は，どのように変化するのだろうか」「どのような生活の仕方が，体をよりよく発育・発達させるのだろうか」が設定されています。「本質的な問い」に対応した「永続的理解」は，「体の発育・発達の仕方には個人差がある」「体をよりよく発育・発達させるためには，調和のとれた食事，適度な運動，休養及び睡眠を十分にとることが大切である」です。つまり，この実践は，上記の発育に関する「見方・考え方」を育てることをねらったものだと言えます。

　この実践では，パフォーマンス課題に取り組む前に「見方・考え方」に関連する概念的な知識を教えています。その上で，パフォーマンス課題では，子どもたち一人ひとりが，学んだ概念的知識を自分の言葉に落とし込んで説明することを求めています。このことにより，発育の問題を自分に引きつけて課題化し，「保健の見方・考え方」をさらに鍛えていくことにつながっていると言えるでしょう。

表5-11　「立町小学校を楽しくするために考えよう！」のパフォーマンス課題

パフォーマンス課題
あなたは，立町小学校を楽しくする心と体の相談係です。相談係の仕事は，小学4年生の心と体が成長していくために，どのような日常生活の工夫が必要なのかを考えて，アドバイスすることです。 　①身長や体重などの体の発育・発達について 　②思春期の体の変化について 上から，なやみごとを1つか2つ予想し，アドバイスを1分間以内にまとめてください。わかりやすく伝える工夫として，ポスターなどを作ってもいいです。教科書を見てもいいです。

（岩田礼子先生ご提供の資料を参照した）

（若松　大輔）

各教科におけるパフォーマンス課題、授業づくりと評価

━ 7 ━

技術・家庭科のパフォーマンス課題, 授業づくりと評価は どのようなものですか？

A 「生活の営みに係る見方・考え方」「技術の見方・考え 方」を育てることを意識する

　従来からパフォーマンス課題を意識していなくとも，技術・家庭科の授業では，モノを作る活動が一般的であり，パフォーマンスを要求する課題が与えられてきたと言えるでしょう。しかしながら，ここで留意しなければならないことは，単にモノを作るのではなく，「生活の営みに係る見方・考え方」や「技術の見方・考え方」を育てるような学習課題を設定することが求められているということです。

　「技術の見方・考え方」とは，「技術とは歴史的産物である」や「技術によって人は世界をつくっている」という技術そのものへの「見方・考え方」もあれば，作られたもの（製品）に用いられている技術の原理や仕組みに着目して思考することであるとも考えられます。「生活の営みに係る見方・考え方」に関しては，具体的な実践に即して説明していきたいと思います。

A 小学校6年生「これからの生活に向けて～わたしの BENTO～」の実践

　この実践は，小学校の家庭科最後の単元に位置づけられる全10時間の単元です（表5-12参照）。5年生の時から「味覚の授業」など調理に関する授業を通して学んできたことを総動員して，知識を活用することを求めるパフォーマンス課題になっています。

　第1時で向井文子先生は，今までの家庭科の学習でできるようになったことを振り返り，中学校に進学したら給食がなくなり，自身の家庭の仕事として弁当づくりが増えることを確認しています。その上でパフォーマンス課題を示すことで，子どもが，単元全体の学習を見通せるだけではなく，弁当について考えることが自分にとって切実な問題であることを認識させています。

表5－12 「これからの生活に向けて」のパフォーマンス課題，ルーブリック

パフォーマンス課題
みなさんはもうすぐ中学生になります。中学校では給食がないので毎日お弁当が必要になります。自分のお弁当を作れるようになって家族に成長した姿を見てもらいましょう。そこで，小学校で学んだ様々な学習を活かし，国際 BENTO コンクールの入賞作品を参考にしながら，わたしの BENTO を作りましょう。それぞれの BENTO を1冊にまとめ，みんなが中学校でのお弁当づくりに活かせるように6年生の BENTO ブックを作りましょう。

ルーブリック〔紙幅の関係で一部省略〕	
3	主食とおかずのバランスや，栄養バランスだけでなく，旬の食材や京都ならではの食材を用いたり，見た目や彩りを工夫したりしながら，様々な味のおかずを入れたお弁当を作れた。
2	主食と，栄養バランスを考えたおかずをバランスよく入れた弁当を作れた。

（向井文子「これからの生活に向けて」石井英真編著『小学校発　アクティブ・ラーニングを超える授業』日本標準，2017年，p.55より一部抜粋）

　第3時で栄養教諭から「体に良い弁当・成長に合った弁当」について学んだ後に，第4時ではグループ活動で自分たちの作りたいお弁当を話し合っています。そのため，子どもたちは，単に好きな弁当を計画するだけではなく，栄養・五味・五色・五法という観点から作りたい弁当を評価しつつ計画することを促されています。このように促された子どもたちは，グループでの話し合いの中で，「このおかず同士だと彩りが偏るね」「味の偏りはないかな」と相互評価しています。したがって，この単元は，「優れたお弁当は，栄養・五味・五色・五法をバランスよく取り入れている」という「生活の営みに係る見方・考え方」を育てる実践であると言えます。評価課題は，最終的な実習と振り返りが含まれています。すなわち，計画・実施（弁当づくり）・振り返りが評価課題となっています。

（若松　大輔）

― 8 ―

外国語活動・外国語科の パフォーマンス課題，授業づくりと 評価はどのようなものですか？

A 真正性をもった学習活動を可能にする

2017年改訂学習指導要領では「外国語によるコミュニケーションにおける見方・考え方」が提示されました。そこでは，外国語や外国特有の文化を，社会や世界，他者との関わりの中で捉えることが求められています。したがって，外国語活動・外国語科では，社会や他者など現実の文脈の中で自分の考えを英語で表現する必要があります。以上のような「見方・考え方」を実現するために，真正性のあるパフォーマンス課題が外国語活動・外国語科に求められると言えるでしょう。

現在，英語教育においては「CAN-DO リスト」によって学校の卒業時，学年あるいは単元の学習到達目標の設定がされています。しかしながら，学習到達目標についての文章の終わりを「～できる」という形で終われば CAN-DO リストの記述文になるとは限りません。文部科学省初等中等教育局の『各中・高等学校の外国語教育における「CAN-DO リスト」の形での学習到達目標設定のための手引き』によれば，CAN-DO リストの記述文として，①「ある言語の具体的な使用場面における言語活動を表している」こと，②「学習活動の一環として行う言語活動であり，各学校が適切な評価方法を用いて評価できる」ことが必要となります。そのため，たとえば単元レベルの CAN-DO リストの記述文で「"I want ～" という表現を使うことができる」として，表現を覚えるためにドリルをするだけでは具体的な使用場面が欠けてしまい，真正性が損なわれてしまいます。

こうした事態はパフォーマンス課題やパフォーマンス評価によって避けることができます。パフォーマンス課題は現実生活の文脈をもった真正性の高い学習課題です。このパフォーマンス課題を設定し，パフォーマンス課題を

中心に単元の指導計画を考えることで，単元レベルの CAN-DO リストの記述文をより現実の文脈に位置づけることができるでしょう。また，実際の言語活動を評価するためにはルーブリックの伴ったパフォーマンス評価が必要です。このように CAN-DO リストとパフォーマンス評価，パフォーマンス課題が関連することによって真正性をもった学習活動が可能になると言えます。

　また，2017年改訂学習指導要領において，小学校3・4年生での外国語活動，5・6年生での教科としての外国語科が導入されます。小学校英語の教科化と中学年への外国語活動の導入の背景には，小学校での音声中心の学びが中学校での文字中心の学びへ移行する際に円滑な接続がこれまでなされていなかったことが挙げられています。このため，小学校高学年では聞くこと，話すことに加え，読むこと，書くことについての言語活動の充実も求められます。また，中学年も高学年以降外国語でコミュニケーションを行うための素地となる資質・能力の育成が必要となります。

　しかし，学習活動がキーフレーズの暗記にとどまってはいけません。小学校段階では，単語やフレーズは確かに重要ですが，聞くことや話すことを通して体験的に外国語に慣れ親しむことも重要です。このため，小学校での英語教育を考える際に他の学校段階以上に学習内容が子どもにとって日常生活の延長線上にあったり，必然性があったりする必要があります。小泉清裕は小学校での英語教育について，他教科の学びをうまく活用しながら英語の授業を行うことで，子どもの知性と感性に訴えて英語に対する学習意欲を高める必要性を述べています（柳瀬陽介・小泉清裕『小学校からの英語教育をどうするか』岩波書店，2015年，pp.48-57）。このように小学校の英語教育では特に日常生活との関連性や必然性が求められます。こうした小学校英語教育に対し，現実の文脈に根差すとともに，書くこと，読むこと，話すこと，聞くことなどの領域を総合するパフォーマンス課題が必要であると言えるでしょう。

A 中学校３年生「私が尊敬する人」の実践

　ここではパフォーマンス課題によって，文法に対する理解だけではなく，自分の考えをしっかり伝える力を育てようとした実践を紹介します（森千映子「自分の考えを自分の言葉で表現する」西岡加名恵編著『「逆向き設計」で確かな学力を保障する』明治図書，2008年，pp.110-119）。

　この単元では子どもにとって難しいとされる後置修飾が文法事項として挙げられます。しかしながらこの実践では後置修飾を学ぶこと以上に，自分が知っている英語を最大限に活かして，臆することなく英語で自分の考えや意見を表現できるようになることが目指されています。そのため，パフォーマンス課題の「本質的な問い」は「あなたが尊敬する人について，どのようにすればうまく伝えることができるのか」となっています。また，表５－13の「永続的理解」やパフォーマンス課題が示すように，本単元では自分の「尊敬する人」について英語でレポートに書くことが課題となっています。このように本単元は，「尊敬する人」という他者との関わりの中で英語を使いながら自分の意見を表現することが重要視されています。

　本単元は後置修飾についての学習を行った後，パフォーマンス課題を提示します。その際にルーブリックやアンカー作品を提示しました。ルーブリックでは，文法だけではなく，子ども自身の考えを表現することが重要であるため，評価項目も内容と英語表現の２つに分かれています。これらによって文法や論の流れなどの形式面だけではなく，自分の考えが文章に表れていることが重要であることが共有されます。

　以上のような工夫によって子どもたちが文法事項を単に学ぶだけではなく，自分の表現したいことと学習内容を結びつけながら意見表明することができます。先述のように，英語学習においては対象との関わりの中で自分の考えを英語で表現することが重視されていました。この単元では「尊敬する人」という対象との関わりの中で自分の考えを英語で表現することによって，後置修飾などの文法事項が生き生きと活用されています。

表5−13 「私が尊敬する人」の「永続的理解」，パフォーマンス課題，ルーブリック

「永続的理解」
尊敬する人について伝えるには，その人の歩んだ人生を説明し，感想を述べるだけでなく，その人が何を目指していたのか，その人とあなた自身の共通点，相違点はどういう点なのかについて述べるとよい。より複雑な内容を伝えるためには，適切な修飾構造をもった英文を作ることが有効である。

パフォーマンス課題
これから後輩たちに英語でメッセージを書きます。その中で，あなたが選んだ偉人がどういう人なのか，なぜあなたはその人を尊敬しているのかを述べてください。その偉人が何を目指して，どのような人生を歩んだ人なのかを説明するとともに，あなた自身とその人を比較して，あなたがどのように考えているのかについて述べると，生き生きとしたメッセージとなります。後輩たちがこのメッセージを見て，英語学習の目標にできるような作品に仕上がるように，この3年間で身につけた英語の力を総動員して作成しなさい。

ルーブリック			
評価		内容	英語表現
A	4	自分の感じたこと，考えたことなどを，理由や例を挙げ，自分のことと関連づけながら伝えようとしている。	かなり長い英文が，少しの間違いはあるものの，ほぼ正確に書けている。また，自分の考えを伝えるための適切な表現を用いている。
B	3	自分の感じたこと，考えたことなどをはっきり伝えようとしている。	それぞれの文は短いが，適切な表現を用い，語順などが正確に書けている。
C	2	調べた事実はわかるが，自分の考えが，あまり伝えられていない。	単純な文は書けているが，少し複雑になると適切な表現が用いられておらず，語順などに正確さを欠く。
	1	調べた事実も内容が乏しく，自分の考えが伝わってこない。	全体的に語順が不正確で，適切な表現が用いられていない。大文字，小文字，符号なども不正確な部分が少なからず見られる。

（森千映子「自分の考えを自分の言葉で表現する」西岡加名恵編著『「逆向き設計」で確かな学力を保障する』明治図書，2008年，pp.111-112を踏まえて筆者作成）

A 小学校5年生「What time do you get up?～一日の生活を紹介しよう～」の実践

　次に，他者と関わりながらどのように英語を用いればよいかという点を重視した実践を紹介します（京都教育大学附属学校『平成29年度研究紀要【外国語教育強化地域拠点事業　4年次】』2018年，pp.71-77）。「What time do you get up?」という単元はオーストラリア・ベレア小学校との交流活動の直後に行われたものです。そのため，外国語で相手に伝える難しさや丁寧に伝えることの大切さが子どもたちの問題意識にありました。このことからこの単元では「伝える相手」を意識しながら発表することに重点が置かれています。ここでは「見方・考え方」で示されたような他者との関わりの中で英語を用いることが重要視されており，単なる英語の使用にとどまらない豊かな学びが目指されています。

　本単元は全8時間から成り立っています。第1〜4時限では，1〜60までの数字や時刻を表す表現，一日の生活を伝える表現，always，usually などの頻度を表す言葉を学びます。その後，動作と英単語が記された絵カードを使いながら友達の日課について尋ねたり答えたりする活動を行います。第5〜8時限では，パフォーマンス課題（表5−14参照）を確認し，休日の予定を立て，発表の準備を行い，プレゼンテーション形式で発表します。発表後には子どもが相互に評価シートを使って評価し，自分の発表についての振り返りを行います。

　発表の際には，たとえば "I usually get up at 6:30, but today, I get up at 7:00" のような表現を盛り込みながら平時の生活の様子と休日の予定を比較します。その際に先述の絵カードのスライドを使いながら発表します。必要があれば新しく絵カードを自作します。発表の際には「声の大きさ」「抑揚をつける」「理解できているか確認を取る」などを意識することが共有されています。

　この課題では交流活動によって「伝える相手」に対する意識が強くなり，その結果，発表をわかりやすく行うことの必然性が生まれました。またパフ

ォーマンス課題もベレア小学校を意識した内容になり，学習内容と必然性が結びついた実践になったと言えるでしょう。

表5-14 「What time do you get up?」のパフォーマンス課題

パフォーマンス課題
あなたの家に，オーストラリアから友だちがホームステイに来ました。ホームステイの友だちが来ている間の休日，いつもの用事をすべてキャンセルして，自由にすごしてよいとおうちの人から言われました。あなたなら，その一日をどのように過ごしますか。あなたの日課と比べながら，ベレアの友だちにわかりやすく伝わるように一日の流れを英語で紹介しましょう。

(京都教育大学附属学校『平成29年度研究紀要【外国語教育強化地域拠点事業 4年次】』2018年，p.75から引用)

A 小学校5年生「マイバッグクイズをしよう」の実践

　最後に，他教科と関連させることによって子どもたちが学習内容を生き生きと活用することができた実践を検討します。これによってパフォーマンス課題を取り入れた授業に対する示唆を得られます（田中耕治・岸田蘭子監修『資質・能力を育てるカリキュラム・マネジメント』日本標準，2017年，pp.96-99）。本単元では，家庭科において子どもが自分で作製したマイバッグについて"Which is my bag?"とクイズを友達に出して，自分が作ったバッグを当ててもらうという活動を行います。その際，友達は"What ～ do you like?"，"Which ～ do you like?"という表現を用いてヒントを得ようとします。子どもは友達にマイバッグを見つけてもらうために自ら"I like ～"と繰り返し答えたり，身振りをつけたりします。

　この単元では家庭科で作ったマイバッグを使って交流することでコミュニケーションを図る必然性が高まっています。先述のように，特に小学校の外国語科や外国語活動においては英語を使うための必然性が重要です。この必然性を意識しながらパフォーマンス課題を授業に取り入れることで，表現をただ暗唱するのではなく，聞くこと，読むこと，話すこと，書くことを有機的に結びつけた授業を行うことができるでしょう。　　　　　　　（市川　和也）

各教科におけるパフォーマンス課題，授業づくりと評価

特別なニーズのある子どもと
パフォーマンス評価
―発達障害を中心に

第**6**章

—**1**—

特別なニーズのある子どもに パフォーマンス評価は どのように役立ちますか？

特別なニーズのある子どもに対してパフォーマンス評価は次の2点で役に立つと言えます。1点目として，パフォーマンス課題が教科の「見方・考え方」を担保しながら子どもの生活とも関連している点，2点目として，単元や授業における学習の見通しを得ることができる点が挙げられます。この2点についてそれぞれ検討します。

A 真正性のある課題によって学習の必然性を高める

1点目として，パフォーマンス課題のもつ真正性によって学習に対する必然性が生まれ，学習意欲が高まることが挙げられます。これまで特別なニーズのある子どもに対して，障害児教育の領域でも子どもの生活に根差した豊かな教育実践が行われてきました。たとえば，生活単元学習において教科内容を生活と結びつけながら実際的・体験的活動を通して学ぶというように，障害児教育ではすでに子どもにとって真正性のある学習活動が行われています。それによって学習に困難を抱える子どもたちの発達を援助しようという実践がなされてきました。

パフォーマンス課題は生活に根差すことを重視するという点で障害児教育と共通した特徴をもっています。パフォーマンス課題も生活単元学習のように現実の状況に即しているために真正性の伴うものとなります。これにより子どもにとって取り組む必然性が生まれ，子どもの学習意欲が高まります。授業に対して苦手意識をもつ子どもも授業に参加することが容易になります。そしてこうした授業に参加し，成功体験を得ることで授業に対する見方が変容し，日々の学習に対する姿勢も変化することが考えられます。

また，パフォーマンス課題では「本質的な問い」や「永続的理解」を明確にすることによって各教科の押さえるべき「見方・考え方」を授業に取り入

れることができます。そのため，パフォーマンス課題は真正性だけではなく各教科の「見方・考え方」を内包していると言えます。パフォーマンス課題が障害児教育の文脈で用いられることによって，生活に根差すとともに教科の「見方・考え方」を反映した授業づくりを行うことができると言えるでしょう。

A 学習に見通しを与える

2点目として，単元や授業における学習の見通しを得られることが挙げられます。授業への参加に困難を抱える子どもたちは単元や授業の見通しを把握できず，それによって不安を覚えて授業についていけなくなってしまうということが少なくありません。パフォーマンス評価では「逆向き設計」を用いることで事前に評価で求められるパフォーマンスが明らかになります。そのため，見通しをもちづらい子どもに対しては事前に評価対象となるパフォーマンスについて説明したり，留意する点を伝えたりすることで子どもたちが安心して学習できるようになります。

また，単元が「本質的な問い」に貫かれることによって，授業を一貫した目的意識に基づいて作りやすくなります。たとえば，パフォーマンス課題はしばしば「まとめの課題」として位置づけられています。このパフォーマンス課題に取り組むために，学んだ要素（パーツ）を総合して取り組んだり，同じ課題に繰り返し取り組んだりするような単元を教師が計画することができるでしょう。この授業の計画を子どもたちに示すことによって，子どもたちがパフォーマンス課題に取り組むための学習の順序を理解し，見通しをもって授業を受けることができます。

このようにパフォーマンス評価は特別なニーズのある子どもに対しても有効であると考えられます。本章Q2以降では，豊かな蓄積のある障害児教育の事例に即しながら，特別なニーズのある子どもに対するパフォーマンス評価の有用性について具体的な実践を検討します。

（市川　和也）

— **2** —

特別なニーズのある子どもに適した パフォーマンス課題とは どのようなものですか？

特別なニーズのある子どもの興味・関心に応じる

　パフォーマンス課題が特別なニーズのある子どもにとって適切であるためには，そうした子どもたちの興味・関心を引くとともに，長所を引き出すような教材を用意する必要があるでしょう。ここでは小学校5年生の「物語を書いて紹介しよう」（全5時間）という実践を例に説明します（原田大介「「言語活動の充実」とインクルーシブな国語科授業」インクルーシブ授業研究会編『インクルーシブ授業をつくる』ミネルヴァ書房，2015年，pp.72-82を参照）。

　LDと診断されている哲平君（仮名）は通常学級に在籍しているものの，授業内外を問わずマンガを描いているため授業にほとんど参加することなく，国語科のテストも1割程度の正解率でした。授業に参加せずにマンガを描くことに対して他の子どもたちから不満の声が出ていました。一方で，哲平君は動物の話をされると，マンガを描くのをやめて話を聞こうとするなど，動物に対して強い興味がありました。担任の先生は，このことから哲平君にとって親しみやすい動物を教材にし，授業への参加を促すことにしました。

　この単元では「一まいの地図から」という教科書の教材をもとに子どもたちが物語を作成します（『新編　新しい国語　五下』東京書籍，2005年，pp.24-25）。教科書には「あやかしの森」の絵地図と，「勇気のつるぎ」をみつける道順が図示されています。「勇気のつるぎ」に至るまでには川やつり橋，動物など，様々な危険があるという短い説明が示されており，そこから想像して子どもたちは物語を作成します。なお，この物語にはゆみ，さおり，ひろし，さとるの他に，くまやいのししなどの動物が登場します。子どもたちは，登場人物の性格や特徴について自ら設定した上で，物語を展開します。さらに自分が作成した物語を他の子どもたちにわかるように紹介します。

普段，授業に参加せずにマンガを描いていた哲平君ですが，本単元では最後まで取り組むことができました。この授業で哲平君は，絵地図に描かれていた「さる」を登場人物として取り上げ，「さる」が「ウッキーウキウキ（仲間に入れておくれよ）」と話すように表現しました。さらに，教科書にある「ゆみ」を「さる語」がわかるという設定にして，「ウキウキ！ウッキー（いいよ！）」と「ゆみ」が話すように物語を作成しました。哲平君の物語には「さる語」という他の子どもが思いつかないユニークな発想が見られます。哲平君の物語は他の子どもたちからも高く評価され，これ以来，哲平君に対する子どもたちの見方が少しずつ変容しました。哲平君もまた，この単元での成功体験を通して国語科の授業に自信をもつとともに，他の教科の授業にも徐々に参加するようになりました。

指導者はこの実践をパフォーマンス課題として実践しているわけではありません。しかし物語の作成は実質的にパフォーマンス課題とも捉えられます。この課題によって，教科書の教材が哲平君の興味をひくものとなりました。それによって哲平君は授業に主体的に参加することができました。さらに，哲平君の参加が他の子どもたちにも意義深いものとなっています。国語が苦手な哲平君が「さる」語を生み出し，物語の中で非言語的なコミュニケーションを生き生きと描き出すことによって，他の子どもたちも非言語的な表現の重要性を学ぶことができました。このように特別なニーズのある子どもにとって適切なパフォーマンス課題が，そうした子どもの授業参加を促すだけではなく，そうした子どもの参加が他の子どもたちにとっての新たな学びを生み出す契機となると言えます。

また，教材の工夫だけではなく，パフォーマンス課題に集中できる環境にする必要があります。たとえば，パフォーマンス課題とは関係のない部分でつまずいてしまう場合にはつまずきについて事前に配慮する必要があります。このように特別なニーズのある子どもを考える場合，パフォーマンス課題には教材の工夫や個別の配慮が求められると言えます。

（市川　和也）

―3―

ルーブリックでは1と評価されてしまう子どもに，どのようにパフォーマンス評価を用いればよいですか？

個別の学習目標を設け，特別なニーズのある子どもの歩みを捉える

　多様な学力層の子どもがいる学級においては，一つのルーブリックだけでは子どもの学びの歩みを適切に捉えることは難しいです。そのため，特別なニーズのある子どもに対しては個別の学習目標を立てることが有効でしょう。この点について，「かいてつたえよう―みんなにとどけふぞくしんぶん」の実践を例に説明します（群馬大学教育学部附属特別支援学校「「共に学ぶ」ことへの挑戦」藤川大祐編著『授業づくりネットワーク』第25号，学事出版，2017年，pp.52-57を参照）。

　この単元では群馬大学教育学部附属特別支援学校小学部（以下，附属特別支援学校）4～6年生の児童5名と，同学部附属小学校（以下，附属小）4年生の児童34名が4，5人のグループに分かれて，興味や関心のある話題，一緒に行った活動などについて一人一人新聞記事を書き，グループごとにまとめます。出来上がった新聞は「ふぞくしんぶん」として，両校共有の玄関に掲示し，両校の誰もが見られるようにしました。両校の子どもたちは以前からグループでの交流及び共同学習で関係をもっており，お互いに「仲良しの友達」といった意識をもっています。

　この単元では「『ふぞくしんぶん』を書くこと」が共通の学習課題であり，「相手に伝わるように書くこと」を「共通のねらい」としています。さらに，子どもたちは各自の目標が書かれた「がんばりカード」を持っており，その目標に向かって自ら努力するだけではなく，その目標を見たグループのメンバーが必要に応じてアドバイスを行います。また，附属小の子どもたちは附属特別支援学校の子どもたちが新聞を読むことを想定して新聞の文字を大きく書いたり，ふりがなを振ったりします。

　附属特別支援学校のK君は，この単元において「単語と単語を適切な助詞でつないで書くこと」を自らのねらいとし，「がんばりカード」に記載しました。K君は，自分の目標を書いた「がんばりカード」を見ることで，進んで活動に取り組み始めます。記事の内容を決めた際，K君がワークシートに「でんしゃ」と書くと，同じグループのAさんが「でんしゃ『のこと』じゃない？」と話しかけます。K君はAさんとワークシートを見合い，「のこと」と書き加えます。このようにこの実践では子どもたちが「がんばりカード」に書かれた目標を理解し，互いに助け合うことができました。

　ここでは同一の学習課題に取り組む一方で，特に特別なニーズのある子どもに対しては各自の目標が設けられています。各自の目標によって他の子どもたちと共通のルーブリックのみでは捉えきれない，特別なニーズのある子どもの歩みを捉えることができます。しかしながら，この目標は単元全体の学習目標と無関係なわけではありません。この目標（K君の場合，「単語と単語を適切な助詞でつないで書くこと」）は単元全体の学習目標（「相手に伝わるように書くこと」）を達成する際に必要な条件として位置づけられています。したがって各自の目標を達成することによって，単元全体の学習目標に一歩近づくことができます。

　この実践においては個別の学習目標が教師によって決められています。一方で，各自の目標を特別なニーズのある子どもと対話し合意を得ながら決めていく実践も特別支援教育において試みられています（湯浅恭正編著『特別支援教育を変える授業づくり・学級づくり2　子ども集団の変化と授業づくり・学級づくり［小学校中学年～高学年］』明治図書，2009年，pp.73-86）。このように各自の目標を単元の学習目標と関連づけながら，子どもの状態や要求にしたがって柔軟に編み直していくことが必要です。こうした工夫によって，各自の目標に照らし合わせることで特別なニーズのある子どもの学習の歩みを評価することができます。このように個別の配慮に基づきながらパフォーマンス評価を行っていく必要があると言えるでしょう。

（市川　和也）

特別なニーズのある子どもとパフォーマンス評価──発達障害を中心に

ICT 活用と
パフォーマンス評価

第
7
章

—1—

どのようにして ICT を パフォーマンス評価に 活用することができますか？

パフォーマンス評価を行うにあたって，どのように ICT を活用すればよいのでしょうか。ここでは，①情報の提示，②記録と再生，③思考ツールアプリの３点に絞って見ていきましょう。

A 情報の提示に用いる

社会科（歴史的分野）における「大正時代の新聞記者になって，当時の思潮に対する社説を書く」というパフォーマンス課題を考えてみましょう。このパフォーマンス課題に取り組ませるためには，護憲運動や女性の社会運動といったいわゆる大正デモクラシーの運動，第一次世界大戦や米騒動といった史実，吉野作造や芥川龍之介といった人物など，様々な資料を用意することが必要となります。しかし，これらの資料を印刷して渡すとなると，量が多くて整理することに手一杯になってしまうかもしれません。その際に，タブレット端末で資料を与えると，情報を整理しやすくなります。

データとして情報を与えることが有効なのは，歴史のように多くの資料がある分野だけではありません。たとえば，体育科において体操選手の動画をタブレットやスクリーンで見せることによって，子どもたちが活動に取り組む土台をつくることができます。体操選手の動きに照らして自分の動きを自己評価すれば，より効果的に動きの改善につなげることができるでしょう。

A 学習成果の記録と再生に用いる

体育科で新たな技を発表したり，音楽科で楽器を奏でたり，学習成果をポスターで発表したりする場面を想像してみましょう。これら実演のパフォーマンス評価において，子どもたちは自分の知識や技能を使いこなし，それを自分の身体で表現します。これら実演の成果を評価する際に，ビデオやタブ

レット端末を有効に用いることができます。その場1回きりのパフォーマンスであっても，映像に残し，繰り返し見ながら評価することによって，子どもたちの学力をより適切に把握することができます。

　ビデオやタブレット端末は，実技の相互評価の場面でも活用することができます。たとえば，体育科の「跳び箱」において，ICTを使ってお互いの動きを撮り合い，その映像を見せながらコメントを返す活動を取り入れることができます。コメントをもらう側は，タブレットの映像と相手の言葉という2つの情報をもとにして，次にどう動けばよいのかを考えることができます。体育科に限らず，音楽科での合唱や，ポスター発表の場面でも，映像で記録することによって，より多角的に評価することができるようになります。

A　思考ツールアプリを活用する

　国語科で「説得力をもって自分の意見を伝えること」を評価するために，教科書の論説文を読んでディベートをし，最後にレポートをまとめるというパフォーマンス課題を考えてみましょう。この課題に取り組む中で，子どもたちは自分の立場を決め，議論を組み立てていきます。しかし，何を論拠にすればよいのか，どの順番で論じればよいのか，どの資料を出すべきなのかといった事項がたくさんあるため，子どもたちは考えがまとまらなくなってしまうかもしれません。そこでICTを活用することができます。

　思考ツールアプリやデジタル教科書を使えば，子どもたちは考える事項を一つずつ押さえつつ，それらをどうディベートやレポートにまとめればよいのかを考えることができます。もちろんプリントに整理させることもできますが，論説文の中身が難しくなるほど追加や書き直しが必要になるため，タブレット端末を使うことで効率的に進めることができます。他にも，理科での実験結果を考察するときや，プレゼンテーションを作るときにも思考ツールアプリを活用できます。思考ツールアプリを使うことでパフォーマンス評価がより一層充実することが期待されます。

（徳島　祐彌）

— **2** —

eポートフォリオとは何ですか？

eポートフォリオとは，電子化されたデータを蓄積するポートフォリオである

　ポートフォリオとは，子どもの作品や自己評価の記録，教師の指導と評価の記録などの資料と，それらを系統的に蓄積していくファイルや箱などの両方を示しています（第1章Q6参照）。eポートフォリオとは，ファイルや箱ではなく電子化されたデータを蓄積するポートフォリオのことです。

　eポートフォリオは大学で導入されてきました。その背景には，大学で行われている教育に対して「質保証」が求められるようになったことがあります。「質保証」のために，学生の学びを振り返る機会を与え，かつ学生が学んだことの証拠（エビデンス）となるものとしてeポートフォリオが用いられています。現在，高等学校での導入がすすんでおり，今後は小学校や中学校でのより一層の導入が予期されます。

eポートフォリオには5つのメリットがある

　eポートフォリオのメリットとして，5点確認しておきましょう。

　1点目は，専用のソフトウェアやシステムが存在するということです。各学校で一からeポートフォリオに取り組むこともできますが，既存のシステムを活用しながら取り組むこともできます。

　2点目は，どこからでも利用できるということです。eポートフォリオはインターネット上にデータとして保管して活用することもできます。その場合は，インターネットがつながる環境であれば，自分で閲覧をしたり，他の人と交流したりできます。大きいファイルを持ち運ぶ必要がなくなることも，eポートフォリオのメリットとして挙げられます。

　3点目は，保管場所に困らないということです。データで保管するため，

ファイルが子どものプリントやノートで溢れかえることがありません。教室の限られたスペースをファイルや箱で埋めてしまうことなく，ポートフォリオ評価法を行うことができます。

4点目は，編集や検索が容易であるということです。ファイルの場合，プリントを取り出したり，新しいプリントを入れたりする必要があります。また，「4年生の算数の記録は……」とファイルをめくって探すこともあるでしょう。eポートフォリオであれば，「4年生　算数」と検索をかけることで，簡単に見たい子どもの作品を見ることができます。

5点目は，音声や動画などのデータ形式に対応しやすいということです。体育科や音楽科では，プリントで成果を見ることも大切ですが，実際に運動したり演奏したりできるかを評価することも重要です。これらの運動や演奏は，音声や動画に残すことによってeポートフォリオに収めることができます（ファイルでも，CDやDVDの形にすれば残すことができます）。他にも，英語の対話や探究の発表の様子も映像として残すことができます。これらのデータ編集が簡単にできるところもeポートフォリオの魅力です。

A eポートフォリオには，目的を明確にして使うという留意点もある

eポートフォリオに取り組む際には，インターネット上で子どもの作品を扱うため，より一層慎重な情報の管理が求められます（ただし，インターネット上では共有せず，特定の記憶媒体にのみ保管する方法もあります）。また，パソコンの画面上で見る自分の作品よりも，実際にファイルという形で残された作品のほうが，子どもたちにとって思い入れの強いものとなることも考えられます。データで保存していたとしても，普段目にしないために忘れられてしまうことがあるかもしれません。これらの点に留意しつつ，ポートフォリオ評価法を行う目的をきちんと考えることや，子どもたちの学習につながっているのかを考えることが必要です。

（徳島　祐彌）

─3─

ICT を活用したパフォーマンス評価の実践事例はどのようなものですか？

ICT を活用したパフォーマンス評価の実践事例にはどのようなものがあるのでしょうか。ここでは，社会科と理科の実践を見ていきたいと思います。

A 小学校5年生「食料生産を支える人々」の実践

まず，5年生社会科の単元「食料生産を支える人々」で行われた ICT 活用の実践例を紹介します（実践者は清水麻衣先生）。子どもたちには1人1台タブレット端末が配布されています。

単元「食料生産を支える人々」では，主に農業と水産業を扱い，日本の米の生産量や自給率，食料となる魚の種類や生産について学びます。この実践は「米づくり」「水産業」「食料生産（輸入への課題）」の3つの小単元で構成されました。そして，3つの小単元のまとめとして「食料生産を支える人々はどのような工夫や努力をしているのか」をプレゼンテーションで説明するパフォーマンス課題を設定しました。

この実践では，タブレット端末を使って情報を整理し，プレゼンテーション形式で発表する活動が多く取り入れられています。たとえば「米づくり」の小単元では，農家の人々の思いを考える3つの視点（消費者のために・自然を守るために・生産者の生活のために）について，1つずつ立場を選んでグループで調べました。子どもたちは，重要な資料（図表や写真）をタブレット端末で撮影して説明を書き込み，グループの意見を何回も画面上で書き直しながら，自分たちの考えが伝わるように工夫をしています。また，前で発表されている意見と手元のタブレット端末に残っている自分のグループの意見とを見比べながら，多様な見方を学んでいきました。

単元の最後に，子どもたちはプレゼンテーションを作成しました。農業・水産業・これからの食料生産という3つのテーマについて学習したことを，

タブレット端末を見ながら振り返ります。各グループで重要な資料を切り取りながら，食料生産の重要事項をまとめています。

　資料7－1は子どもの作品の例です。農業での工夫や努力の具体例として，「あいがもをつかうことで，農薬を使わなくてよい」ことを挙げています。水産業については，鹿児島湾で13cmより小さい真鯛をとってはいけないという記述を引用して「魚がいなくならないようにするための工夫」としています。また，これからの食料生産として「ビルの中の野菜工場」やバイオテクノロジーを写真つきで説明し，最後に「食料生産を支えている人々は，いろいろな消費者のために工夫や努力をしている」とまとめています。子どもたちが，具体的な事例に即して食料生産と向き合っている様子がうかがえます。

　このように，清水先生の実践ではタブレット端末で資料に書き込ませたり，プレゼンテーションでの発表の場面を設定したりすることで，子どもたちが「食料生産を支える人々の工夫や努力」を考えるための工夫がなされています。ICT を活用することで，パフォーマンス課題のような総合的な課題であっても，子どもたちは資料を整理しながら取り組むことができます。

資料7－1　子どものプレゼンテーション資料

（大阪市立本田小学校 清水先生ご提供の資料を参照した）

133

A 小学校5年生「もののとけ方」の実践

　ここでは，5年生理科「もののとけ方」の事例（全16時間）を紹介します（実践者は長野健吉先生）。単元「もののとけ方」では，物質を粒子として捉えたり，溶媒と溶質の関係を考えたり，ろ過といった実験方法を身につけたりしていきます。実践では，表7－1のパフォーマンス課題が設定されました。小麦粉と混ざった食塩を取り出したいというパフォーマンス課題です（パフォーマンス課題の詳細は，大貫守「パフォーマンス評価とICTを用いた理科の授業設計に関する一考察」『教育方法の探究』18号，2015年，p.24を参照）。

表7－1　パフォーマンス課題

> 今流行のパンケーキをつくろうとして，小麦粉と砂糖を混ぜるところを，間違えて小麦粉と食塩を混ぜてしまった。食塩だけを取り出すためにはどうしたら良いだろう。

　この実践では，タブレット用の授業支援アプリケーションである「ロイロノート・スクール」を使用しました。ロイロノートでは，画面上のカードに言葉や絵，写真，動画を残すことができ，それらを線でつないで関連づけたり，プレゼンテーションを行ったりすることができます。ロイロノートには，実験の結果や結論などが写真・動画や言葉で残されています。子どもたちは，水溶液の重さは溶質と溶媒の和になる（質量保存）ことや，ものは水に溶けてもなくならないことなどの学習した内容をロイロノートに残しています。子どもたちは，ロイロノートで学びを振り返りながら，単元末のパフォーマンス課題に取り組みました。

　パフォーマンス課題に取り組むにあたって，子どもたちはどのようにして食塩を取り出せばよいのかを「粒子モデル」で考えました。図7－1は，子どもが残した粒子モデルの作品です。ここにはビーカーに混合物を溶かした時の様子，ろ過している様子，蒸発乾固している様子が描かれています。小麦粉を四角形で，食塩を丸い図形で示すなど，工夫してモデル化している様

子がうかがえます（実践では粒子モデルを根拠として実験計画書を作成させています）。

資料７－２（左）は，実験の仮説を説明するために粒子モデルを作成している様子です。グループで話し合いながら，青色で液体を表したり，丸い図形で粒子の様子を表したりと工夫して

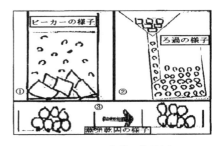

図７－１　生徒の作品例
（大貫，前掲論文，p.27より引用）

います。また，資料７－２（右）は，実験の写真や粒子モデルを駆使して実験について説明している様子です。実験の写真を用いて説明することで，具体的な実験の様子をより効果的に伝えることができています。

このように，長野先生の実践では，授業支援ソフト（ロイロノート）を活用することによって，子どもたちはノートに残すことを考えながら実験や観察に入っていくことができました。また，実験で起きることを説明するために，写真を使ったり，粒子モデルを作成したりとICTを駆使して表現しています。このような工夫を通して，文章だけではなく図や写真といった多面的な理解を促していることも重要です。

資料７－２　仮説の説明を作成している様子（左）と説明している様子（右）

（YouTube「【ロイロノート・スクール授業実践】パフォーマンス課題　小学校　理科」[https://www.youtube.com/watch?v=oG4u5dPo5Kc] より引用）

（徳島　祐彌）

— 4 —

ICT を活用したパフォーマンス評価においてどのような注意点がありますか？

ICT を活用したパフォーマンス評価の注意点について，①活動主義，②教材の精選，③画面上の学習の3点を確認しておきましょう。

A ICT 活用の目的を十分に考える

ICT を活用した教育では，タブレットに自分の考えを書いて教師のパソコンに送ったり，プレゼンテーション用のソフトを駆使して発表したりする場面がよくあります。自分のレポートについて意見をもらい，自己評価につなげるという目的があるのであれば，最後に全員の前でプレゼンテーションをすることは大切な活動となります。

しかし，ICT を使って発表させることばかりに目を向けてしまうと，ICT 活用自体が目的となってしまい，子どもたちが学ぶ内容を忘れてしまいがちです。途中で意見交換をすることは重要ですが，それぞれの子どもの理解を見たいのであれば，最後の課題はわざわざ全員の前で発表させる必要はありません。ICT を活用するにあたっては，子どもたちのどのような力を評価したいのか，「永続的理解」は何かを明確にしておくことが大切です。

A ICT で用意したものが学びを妨げていないかを確認する

パソコンで仕事をしているときに，コンピューターから「お知らせ」が出てくると一瞬集中力が途切れてしまうことがあります。また，画面上にしなければならないタスクをたくさん広げてしまうと，どれから手を付ければよいかわからなくなってしまいます。同じように，子どもたちがパフォーマンス課題に取り組んでいるときに，ICT を使って次々と情報を与えすぎると，かえって子どもたちの学びが浅くなってしまうことがあります。たとえば，社会科で「これからの日本の第一次産業はどうあるべきか」について考える

ときに，外国のデータ，都道府県別のデータ，年度ごとのデータ，産業別の
データ，住んでいる地域のデータとありとあらゆるものをいきなり渡しても，
子どもたちにとってすべてを消化することは難しいでしょう。

　一方で，ぐっと集中しているときだからこそ，ICT を使って子どもたちを
ゆさぶる資料を与えることもできます。たとえば，地域活性化のために第三
次産業に力を入れたほうがいいという議論になっているときに，反対してい
る人たちの映像を見せることで，さらに考えを深めさせることができるでしょ
う。

A　子どもたちは実感を伴って学んでいるかを考える

　旧跡を訪ねて実際の史料に触れたときに，当時の様子が生き生きとイメー
ジされることがあります。また，テレビで見ていたサッカーを実際にプレイ
したときに，ボールを運ぶ面白さや難しさを改めて実感することがあります。
これら実物に触れる，実際にやってみるといったことは，画面上で見るだけ
では得られないような体験を与える可能性をもっています。

　同じように，パフォーマンス評価で ICT を活用するにあたっては，画面
上の操作だけで十分に理解できているのかを考えることが重要です。たとえ
ば，算数科で「立方体の展開図」について学習させるために，立方体を展開
していくアニメーションを見せたとします。この映像を見たことで子どもた
ちは「立方体を展開する」ことを理解したと言えるでしょうか。手元のタブ
レットの立方体を指で回転させたとしても，それは画面上の話です。それよ
りも，自分たちの手で立方体を作る，立方体をはさみで切って展開するとい
う活動のほうが，実感を伴って理解できるかもしれません。

　ICT はあくまで教材（教具）の一つであり，必ずしも使わなければならな
いものではありません。電子黒板よりも黒板のほうが，デジタル教科書より
も教科書のほうが子どもたちの学習を促す場合もあります。ICT が本当に
「永続的理解」につながっているのかを問うことが大切です。

（徳島　祐彌）

137

Performance
Assessment

「総合的な学習（探究）の時間」と パフォーマンス評価

第8章

——1——

「総合的な学習（探究）の時間」の学びと各教科のパフォーマンス評価はどのような関係にありますか？

2つの領域の学びをつなぐものである

　一般的に教育課程は，(1)国語科や体育科といった各教科，(2)総合的な学習（探究）の時間（以下，総合学習），(3)学級活動や体育祭などの特別活動，及び(4)特別の教科「道徳」の4領域から構成されています。これらの領域は，それぞれに固有の目標や教育内容，教材や指導過程や学習形態，評価方法を求める点に特徴があります。ここでは，主に各領域の目標として設定される，求める学力の内実とその質に着目して，(1)と(2)の違いを見ていきましょう。

　各教科では，理科などの教科内容の習得・活用（**習得型の学び**）が求められます。理科の「ものの温まり方」（小学校4年生）を例に考えてみましょう。そこでは，教師が「エアコンの羽の向きをどうすれば効率よく部屋を温めることができるでしょうか」という発問をし，エアコンの風向きによる部屋の温まり方の違いについて学級で考える中で，空気の温まり方や対流の仕組み，それを検証する方法などの教科内容を習得します。他方で，単元末には，ものの温まり方の違いに着目してエコ住宅を設計するといったパフォーマンス課題を解決することを通して，ものの温まり方の単元全体で学んだことを組み合わせつつ，現実場面に活用できる力を育むことを目指します。

　一方で，総合学習では，自ら設定した問題の解決に向けて探究していく学び（**探究型の学び**）が求められます。たとえば，地元の運河のヘドロが問題だと思った小学生の子どもは，ヘドロが悪臭を放つのはいつか，水温とヘドロの関係があるのか，という問いを自ら設定して問題解決に取り組み，対象への認識を深めます。加えて，その中で，解決可能な問いの設定方法やデータ解釈の仕方，説得力のある説明の書き方など方法知を学びます。

A 習得型の学びと探究型の学びを接合するものである

　2つの領域で行われる学びは，相互に独立に存在しているものなのでしょうか。先のヘドロと水温の問題を扱う上でも，解決に向けて運河のどの部分の水温のデータを集めたらよいか，データをどのように解釈するのかということを適切に判断するためには，子どもが運河の水の温まり方やヘドロの性質，実験方法について深く理解している必要があります。このように総合学習での学びは，教科内容の理解に支えられています。もちろん，総合学習での活動が，教科内容の理解を深いものにするということもあるでしょう。

　また，総合学習で解決する問題は，教科固有の問題というよりは，むしろ教科横断的な問題であることが一般的です。たとえば，ヘドロの問題を扱う際にも，酸素を海底に送り込むことで原因を取り除けるというように解決方法を理科的に考えるだけでなく，それを誰が，どのような予算を用いて取り組むかということを社会科的な側面から考える必要もあります。このように複数の教科を横断することで問題を解決することを前提に，教科においても様々な文脈で活用できる形で知識を習得している必要があります。

　総合学習で探究すること（探究型の学び）に向けて，教科学習の様々な文脈で活用できるような深い理解を育む形で，習得型の学びを達成することが肝要です。そのように教科学習で活用できる力を育むためには，パフォーマンス評価を実施するとよいでしょう。つまり，パフォーマンス評価（活用の段階）を介して，教科学習と総合学習をつないでいくわけです。

　もちろん総合学習で培った力も，パフォーマンス評価で活用されます。たとえば，総合学習で得た情報をもとにエコ住宅のエコの尺度を定めたり，調査計画を立てたり，必要な情報を収集したりする力は，課題解決の方策を豊かにする術となります。特に，総合学習は，自ら課題を設定し，解決するという学習のそれ自体の枠付けを自分自身で行うものです。それを充実させていくためには，教科のパフォーマンス評価を介して，両者の学びを相互に環流させることで，豊かな学びを生み出すことが必要でしょう。（大貫　　守）

「総合的な学習（探究）の時間」とパフォーマンス評価

141

2

「総合的な学習（探究）の時間」においても「目標に準拠した評価」を実施したほうがよいでしょうか？

A 総合学習でも「目標に準拠した評価」を実施したほうがよい

　教科学習と総合学習の評価を設計する際，教科学習では「目標に準拠した評価」の立場をとり，総合学習では，「個人内評価」の立場をとる，という主張や実践が見られることがあります。具体的には，通知表において，教科学習では観点別評価を行い，評定をつける一方で，総合学習では所見欄において，記述により個人の伸びや長所を捉えるという形で分業を行うものです。

　しかし，「個人内評価」の立場から行われる総合学習の評価は，個人の活動記録を残すことに終始してしまい，目標が明確にならず，結果として活動主義やイベント主義に陥る危険性があります。それを避けるためには，「目標に準拠した評価」と「個人内評価」の両方の立場を視野に入れて，それらを内的に結びつけていく立場から評価を設計していくことが重要です。

　総合学習では，事前に目標を設定しつつも，探究の過程で教師の想定を超える目標や姿が子どもたちの活動の中から生まれてくる可能性があります。そのため，目標に準拠して評価を行うだけでなく，教師が目標を捉え直したり，個人の伸びを質的に豊かに記述したりする個人内評価の機会が評価の中に内包されている必要があります。この他，総合学習で育成される説明する力や解釈する力，対象に対する認識の深まりは，単に説明できる・できないというだけでなく，その深さや明快さ，鋭さといった質的な側面も内包されているため，評価においても量的な評価だけでなく，ルーブリックや記述などによる質的な評価も求められるようになるのです。

A 総合学習の目標を明確にする必要がある

　「目標に準拠した評価」に向けては，目標を明確にする必要があります。

総合学習の目標は，各学校が設定するものですが，充実した探究を行う上で役に立つ，共通に保障すべき力も存在します。そこで，総合学習の目標の内実について，探究のプロセスに即して考えてみましょう。

　探究の過程で，子どもは一貫して問題意識を形成している対象への認識を深めます（①）。その中で，批判的思考などの思考力を働かせ（②），必要に応じてアンケートや文献調査，実験方法などの固有の方法論を活用します（③）。さらに，探究を通して，現在の知識は新しい証拠に基づいて修正されうることなど，探究への理解も深めます（④）。一連の過程を支えるのが，教科の基礎的な知識やスキル（⑤）と，全体をまとめ，教師・子ども・保護者や地域と協働する力（⑥）です。子どもたちは，これらの要素について，自らに足りないものを俯瞰的に見極め，自己調整しながら探究を進めていきます（⑦）。

　一連の目標と各領域との関係を示したものが，図8−1です。図は，認識の深まりが社会を見る目を変え，設定される課題や論理的思考を含むプロセスを洗練したものとするように目標同士が相互連関して働き合っていることを示しています。また，それらを通して育まれる探究の本質の理解は，正当化された知識が探究を通してどう生み出されるのか把握することにつながり，疑似科学と科学を区別したり，よりよい探究に向けて方法をより妥当なものにしたりするための道標となり，探究を下支えするものとして機能します。（大貫　守）

図8−1　「総合的な学習（探究）の時間」における目標と各領域等との関係性

（西岡加名恵『教科と総合学習のカリキュラム設計』図書文化，2016年，p.62，及び田中耕治『教育評価』岩波書店，2008年，pp.91-93を参考に筆者作成）

「総合的な学習（探究）の時間」とパフォーマンス評価

─ 3 ─

「総合的な学習（探究）の時間」では
探究のプロセスとその成果の
どちらを評価すればよいですか？

▼

A 総合学習の目標に応じて，両者の評価を実施する必要が
ある

「目標に準拠した評価」を実施する上では，教育目標に応じて評価のタイミングや評価方法を工夫する必要があります（第1章Q5参照）。特に，本章で扱っている探究型の学びで育まれる力は，Q2で触れたように質的に深まりがあるものなので従来の客観テストのみでは評価が難しいものです。ここでは，探究型学力の中でも，特に総合学習を主に指導し，評価する必要のある，対象に対する認識の深まりや探究の本質，論理的思考力や方法論について，いつ・どのように評価をするのかということを考えてみましょう。

対象に対する認識の深まりや探究の本質の理解を評価する際には，教師と子どもの検討会やインタビューなど，直接子どもに尋ねる方法があります。たとえば，子どもに探究の節目ごとに問いかけて，対話を行う場合に，その対話の内容の端々から子どもの対象や探究についての認識の深まりを測ることができます。また，そのような問いかけを通して，子ども自身がこれまでの学習を振り返り，対象について再認識する機会も提供することができます。

他方で，間接的に実施する一つの方法として，概念地図法があります。概念地図法とは，ある概念に関係ある言葉をいくつか選び出し，配置し，矢印のついた線で結び，線の横に関係づけのための言葉を記入する方法です。これにより，特定の言葉とそれと関連して子どもが書く言葉や言葉同士の結びつきを見ることで，その言葉についての子どもの理解度を推し量ることができます。この概念地図法も，主に探究活動の節目に行うことが多いものです。

また，論理的思考力や具体的な調査方法を含む方法論についても，成果物から一定程度，その質をみとることができます。たとえば，子どもたちの論文には，子どもたちが得た情報を整理して，問いに一定の解釈を提示する思

考プロセスの質が現れます。そのような論文について，ルーブリックを適用することで，子どもの成果物の質を評価し，次の指導の改善に役立てたり，その子どもの到達度（質的な深まり）を捉えたりすることもできます。

　もちろん，探究型の学びの評価であっても，必ずしもすべてにルーブリックを用いる必要はありません。たとえば，論文をまとめる際の思考力の深まりについては，ルーブリックを用いて質的に評価する必要がありますが，論文の体裁や必要項目の記入の有無など特定の調査手法が必要な要素を含んでいるかどうか，ということはルーブリックよりも，チェックリストで見るほうが適しています。むしろ，対象と目的に応じて使い分けることが肝要です。

A　探究のプロセスを評価することで指導の改善を図る

　ここまでは，主に何らかの探究が一段落した段階で実施される総括的評価の一環として，探究の成果に関する評価を扱ってきました。しかしながら，論理的思考力や方法論は探究の成果というよりも，実際の探究の中でこそ反映されているものです。特に，教育評価の目的が，子どもの学力を評価するだけでなく，子どもの学習や指導の改善に役立てるという性質をもっていることを考えれば，むしろ学習のプロセスにおいて働く思考力や方法論について，彼らの到達度を見通し，一定の成果に至る（もしくは至らない）彼らの試行錯誤や葛藤の過程を捉える評価方法が構想される必要があるでしょう。

　このような探究のプロセスを評価する方法として，たとえば，日々の研究に取り組む子どもたちの様子を見て，記録する中で子どもの姿を捉える方法があります。また，リフレクションシートなどに日記や報告書の形でその日や週の活動を記録し，振り返りを書かせる中で，教師が子どもたちの思考の伸びや，探究の行き詰まり等を把握することができます。特に，2000年代以降，総合学習で，子どもの活動のプロセスと学習成果をつなぎ，長期にわたる探究プロセスを評価する方法としてポートフォリオ評価法（第1章Q6参照）が注目を集めています。これについて，次節で詳しく見ていきましょう。

（大貫　守）

「総合的な学習（探究）の時間」とパフォーマンス評価

――4――

「総合的な学習（探究）の時間」で行われる探究のプロセスはどのように評価すればよいですか？

A **長期的な目標を念頭に，様々な評価方法を使い分けるものである**

「探究のプロセスを評価して，指導に活かすというけれど，どう実践したらよいかよくわからない」という疑問をよく耳にします。実際には，先生方は，日々の実践の中で，無意識的に評価をし，指導に活かしているにもかかわらず，改めて実際にどうすればよいのかと聞かれると，困ってしまうことも多いのではないでしょうか。具体的な教室の事例で考えてみましょう。

教室で子どもたちの探究活動を見る中で，自分の決めたテーマについて，最初と比べてよく考えているな，自分たちでしっかり調査計画を立案できるようになっているな，と成長を感じたり，資料整理が捗らずに行き詰まっている様子に気づいたりすることがあります。その際に，教師として長期的な成長の姿を思い描きつつ，よく考えているねと子どもを褒めたり，逆に足りないところを暗に示唆したりして，子どもにフィードバックをすることがあるでしょう。この日常的な行為も評価を指導へと活かす取り組みと言えます。

しかし，このような行為も特定の目標を念頭に置かず，長期的な視野を欠き，その場限りのものとなれば，長期にわたり継続的な指導を通して特定の力を伸ばしていく総合学習において，適切に力をつけられない危険性があります。そこで，総合学習において長期的かつ系統的に評価をし，指導に活かしていく方策の一つとしてポートフォリオ評価法が用いられています。

第1章で見てきたように，子どもたちが探究の記録を残していくファイルやレターボックスを主にポートフォリオと呼びますが，実験ノートも広義には，ポートフォリオの一つと言えます。では，このポートフォリオを探究活動の指導と評価でどう用いるのか，検討会の場面を中心に見てみましょう。

A ポートフォリオ評価で探究のプロセスを評価する

　ポートフォリオ評価を行う上では，定期的に検討会を実施することが必要です。検討会では，「探究の進み具合はどうかな？」などとオープンエンドに問いかけて，一緒にポートフォリオに収められた資料を見ながら，子どもたちの探究の到達点と課題について確認していきます。たとえば，硬い豚肉を柔らかくする方法について研究している小学生の児童が，本やインターネットでパイナップルの酵素には豚肉を柔らかくする力があるということはわかったけれど，そこからどのように探究活動を進めていいのかわからないという課題に直面していたとします。その際に，教師は「酵素って何かな，どんな性質なのかな」「パイナップルに似た植物や果物ではどうかな」などと問いかけて，子どものもっている情報を引き出し，次の課題を自覚させます。また教師が調査方法を子どもに教えることで次なる探究を促すことも重要でしょう。

　定期的に行われる検討会では，子どもの能力に応じてフィードバックのあり方も変わってきます。たとえば，研究可能な問いを設定できない子どもであれば，対象に影響を与える条件を書き出させたり，その中で条件を絞り込んだりすることで問いを設定する力をつけていくように指導します。他方で，研究可能な問いを設定できる場合には，全体で追究している問いと関連づけながら問いを設定するように促します。このように子どもの長期的な成長を見通して，検討会を一区切りとして系統的に指導をしていくとよいでしょう。

　このような子どもの長期的な成長を捉える手段として，ルーブリックを活用することもできます。ルーブリックを作成する中で，暗黙裡に目標としていた内容を明確にしたり，子どもの実態に即して指導の方向や方略を決めたり，同僚と話し合ったりすることもできるでしょう。また，検討会などの場面でルーブリックについて子どもと話し合ったり，目の前の子どもの良さやつまずきを発見したりする中で，そのルーブリックを練り直したり，価値ある目標を見出したりしていくことも重要です。　　　　　　（大貫　　守）

147

― 5 ―

「総合的な学習（探究）の時間」で グループ研究を行う場合には， 何をどのように評価すればよいですか？

A 協働性や自治性，探究の成果物などが評価の対象となる

　総合学習の指導では，問題意識が似た子どもたちをグループにして協働で研究を行わせることがあります。その際に，評価の対象として①グループで学習活動に取り組む過程で発揮される協働性や自治性にするのか，それとも，グループで協力して作成した作品（成果物）に絞るべきなのかということや，子どもの到達度を評価する際に②個人の取り組みや成果を評価するべきなのか，それとも，グループでの成果をそのまま個人の成果とみなしてよいのか，という疑問をよく耳にします。

　ここでは，総合学習における評価として，主に成果物の評価を取り上げ，②の論点を中心に考えてみましょう。一般的に，グループ全体の成果をもとに評価する場合，一生懸命やったのに，不真面目な子どもと同じグループだったためにグループ全体の成果が振るわないことや，その結果として頑張った子どもの成績が下がってしまうこと，成果に対する個人の到達度や能力がはっきり示されないことなどが懸念事項となります。

　これらを踏まえると，グループの成果を評価する際には，評価の前提として次の3点を確認しておく必要があります。メンバー全員が，①成果に貢献していたかどうか，②成果の説明をすることができていたかどうか，③グループに対する評価に納得していたかどうかの3点です。教師は，これらの点に留意しつつ，それぞれのグループを系統的に観察し，子どもにフィードバックをします。

　この3点を踏まえた形で評価する方法として，グループによるポートフォリオを用いて評価を行う方法があります。具体的に見てみましょう。

A　グループのポートフォリオを評価に活用する

　グループでポートフォリオ評価法を実施する際には，グループと個人の2つのポートフォリオを用意する必要があります。グループのポートフォリオに入れるものは，教師と子どもで相談して決めます。具体的には，表8－1の構成などが考えられるでしょう。そして，探究過程では，グループで責任を負い，協力して個人とグループのポートフォリオを作成します。

　検討会では，グループと個人のポートフォリオに収められた作品をもとに対話を行います。対話の中で，教師は従来のようにグループの到達点やつまずきを捉えます。もちろん，チームワークに関する資料や自己評価や相互評価の記録に基づいて，研究への貢献や協働の内実について把握することもできます。このような対話を通してグループとしての評価を確定します。

　また，グループの評価に個人の取り組みを加味していくこともできます。たとえば，子どもたちは，グループの助けを借りつつ，最終的に個人のポートフォリオを仕上げます。この個人のポートフォリオに基づく検討会を通して個人の理解やグループへの貢献度を把握したり，日々の取り組みを観察したりしていくことで，個人の成果を加味する方法もあります。これにより集団と個人の両者の探究の質をみとる評価を行うことができるでしょう。

表8－1　グループのポートフォリオの構成の一例

①表紙／目次　　②グループ及びメンバーの紹介
③まえがきと選ばれた作品サンプル（work sample）についての理由の説明
④グループの作品サンプル　⑤グループ活動中のメンバーたちの観察記録
⑥メンバーによるグループについての自己評価（チームワークの評価も含む）
⑦グループからのフィードバックにより改訂された，個々のメンバーの作品サンプル
⑧メンバーについての自己評価
⑨個人及びグループのこれからの学習目標，社会的スキル目標のリスト
⑩教師，他のグループからのコメントとフィードバック

（D.W. ジョンソン・R.T. ジョンソン著，石田裕久訳『協同学習を支えるアセスメントと評価』日本協同教育学会，2016年，p.117を参考に筆者が一部改変）

（大貫　　守）

カリキュラム・マネジメントと
パフォーマンス評価

第9章

── 1 ──

パフォーマンス評価の考え方は カリキュラム・マネジメントに どのように活かせますか？

「本質的な問い」によってカリキュラムを改善する

　カリキュラム・マネジメントは，教育活動と経営活動という２つの側面をもっているとされます。つまり，学校の実態と教師たちの願いをもとに教育目標を設定し，カリキュラムを計画・実施・評価・改善するという教育活動と，これを支える組織構造と学校文化，そして家庭・地域との連携を運営するという経営活動です（田村知子『カリキュラムマネジメント』日本標準，2014年）。学校をみんなでつくり，動かしていく営みであると言えるでしょう。2017年改訂学習指導要領では，こうしたカリキュラム・マネジメントの考え方が非常に重視されています。

　カリキュラム・マネジメントの教育活動の側面においては，パフォーマンス評価の考え方がより効果的です。パフォーマンス評価の実践において，「本質的な問い」を明確化していく過程で，その単元の中で何を重点的に指導すべきかが自ずと問い直されていくことになります。このことにより，何が大事かということをしっかり外さないようにカリキュラムを編成・改善していくことができます。

　包括的な「本質的な問い」もカリキュラム改善に役立ちます。教科・領域を貫く包括的な「本質的な問い」を明らかにすることは，カリキュラムを練り直すことにつながります。つまり，包括的な「本質的な問い」に対応する深い理解を実現するために，各単元の目標をどのようにするのが的確なのか，各単元をどう結びつけていけばよいか，どのような教育的経験を与えればよいかなどを再検討することになるのです。こうしたことはまた，学校としての連携・協働をどう図っていくかという経営活動レベルの改善にもつながっていくと考えられます。

A　ルーブリックづくりによってカリキュラムを改善する

　ルーブリックづくりを複数の教師で行うこともまた，カリキュラム・マネジメントにつながります。パフォーマンス評価は子どもたちのパフォーマンスの質を評価するものであり，同じ課題であっても教師によって評価基準がしばしば異なります。これでは教師間の連携に支障が出てしまい，カリキュラム・マネジメントも機能しない恐れがあります。また，せっかく包括的な「本質的な問い」によってカリキュラムを練り直しても，担当教師によって評価基準が食い違うと，学校としての協働もうまくいきません。

　こうした問題を克服するためには，教師一人でなく，複数人が集まって協働でルーブリックづくりを行うことが有効です。ルーブリックづくりを複数人で実施する中で，パフォーマンス評価における評価基準や，目指したい子どもの姿などについて共通理解を図りやすくなります（第3章Q3参照）。それにより，教師たちの間で評価の比較可能性を高めることができます。同じ学年の中だけでなく，異なる学年の間であっても，評価に一貫性をもたせることが可能になります。このことは，学校の組織的な取り組みを手助けしてくれるでしょう。取り組みによっては，ルーブリックづくりに家庭や地域の方が参画するということも考えられます。ルーブリックづくりは経営活動にも寄与するものと言ってよいでしょう。

　また，実践で得られた子どもたちの作品をもとに行うルーブリックづくりは，子どもたちの実態を捉える上でも重要な役割を果たします。つまずきの把握などはその一例です。作品で見られたつまずきが複数の単元に関わるものであった場合，単元や学年を超えて繰り返し指導していくようにカリキュラムを改善していくことで克服することができます。ルーブリックづくりは，カリキュラム・マネジメントにおいて，評価を改善につなげる具体的な手立てをもたらしてくれるものと言えます。

（福嶋　祐貴）

━2━

教科を超えて取り組める パフォーマンス課題とは どのようなものですか？

A 教科・領域間の連携を図る課題

　学習指導要領では，カリキュラム・マネジメントの一つの視点として，教育内容を教科等横断的な視点で組み立てていくことが重視されています。カリキュラム・マネジメントは本来，教科等横断的に行う必要はないのですが，一方でそのように横断的な視点を取り入れることで，逆に各教科等の良さが浮かび上がってくるということがあります。これによって質の高いパフォーマンス課題が実現できる場合があります。様々な知識やスキルを活かせる課題は，ある単元だけで閉じるよりも，他の教科・領域と関わらせながら取り組むほうが，より豊かな学びを生み出す可能性があるからです。

　地球温暖化や大気汚染といった環境問題に対する自分の意見をまとめるという課題を考えてみましょう。この場合，たとえば次のような形で，複数の教科・領域で連携を図ることができます。

- ●環境問題に関連する工業，エネルギー問題，公害，環境政策・国際条約といった事項を社会科で学び，自分の意見の視野を広げる。
- ●環境問題に影響する，大気中の気体の性質を，理科と連携して学ぶ。
- ●環境問題と人間の生活・健康との関係を，家庭科や保健体育科において深め，これからの自分の暮らしと結びつける。
- ●環境問題を分析するために気温や汚染物質に関する統計データを処理するとき，算数・数学科の学習と関わらせる。
- ●自分の意見をまとめるために小論文を執筆するという場合，国語科や英語科における「書くこと」の学習と結びつけて取り組む。
- ●意見を啓発ポスターに表現するなら，図工科・美術科とも連携する。

●特別活動や総合的な学習の時間と連携して，フィールドワークで探究した成果を発表する学習発表会を開催し，家庭や地域の方にも参加してもらう。この場合，国語科や英語科の「話すこと」の学習も活きてくる。

このように，パフォーマンス課題を他の教科・領域と連携して取り組むことで，単元あるいは教科がもっている総合性を追求していくことになります。

総合的・探究的・横断的なプロジェクト型の課題

このところ，探究的な学習が重視されています。特に高等学校においては，2009年改訂学習指導要領の時点ですでに「理科課題研究」が科目として設定されていましたし，2018年改訂学習指導要領からは「探究」の名が付く科目が多く見られるようになっています。

こうした探究的な学習も，パフォーマンス評価の考え方で評価することが有効です。また，学習指導要領のように教科ごとに探究的な科目が設けられているとしても，探究の過程で教科の枠を超えることになる可能性は十分に考えられます（第8章参照）。

組織体制や教科・領域の本質の見直しにつながる課題

教科・領域の枠を超えるパフォーマンス課題に取り組むことは，カリキュラム・マネジメントとしても有意義です。その課題を中心に，カリキュラムを練り直し，複数の教師と協働して教育に取り組むことができます。

連携を図ることは，単元や教科・領域の意味を見直す機会にもなります。他教科・他領域も含めた学校教育活動のすべてにおいて，その単元・授業はどのような位置づけにあるのか，そこでこそ学ばねばならないことは何なのか，その教科・領域をこそ貫くべき「見方・考え方」とは何なのかということを問い直す機会が得られます。教科・領域を超えるということを目指すならば，こうした教科・領域の本質に迫る機会を大切にしたいところです。

(福嶋　祐貴)

― 3 ―

学年で協働して パフォーマンス評価に取り組む場合，どのように連携していくべきですか？

A 多様な目を取り入れ，成果を共有する

　パフォーマンス評価はチェックリストや客観テストと異なり，単独で実践していくと評価基準などに偏りが生まれてしまいかねません。学年で協働してパフォーマンス評価に取り組んでいくことの意義はここにあります。

　特に，同一学年の中で，ある単元を教える教師が複数人いることになるような場合は，学年で一貫した評価基準でもってパフォーマンス評価を行うために複数の目を取り入れ，すり合わせることが有効です。小学校では通常，そのようなケースが多くなります。中学校や高等学校のような教科担任制のもとでは，むしろ学年間で育てたい子どもの姿を共有したり，専門の異なる教師ならではの視点を取り入れたりすることが期待できます。

　課題づくりにおいても協働することが効果的です。「本質的な問い」や「永続的理解」（「見方・考え方」）を明らかにするプロセス，そしてそれをもとにした課題のデザインに複数人の意見を取り入れることで，単独では気づかなかった視点も得られ，より的確な課題づくりが可能になります。

　パフォーマンス評価の実践に協働で取り組む際には，子どもたちの学習成果の共有もあわせて行うようにします。成果を共有することで，子どもの長所や短所，つまずきについて情報共有を図り，学年をまたいで一貫した指導・支援ができるようになるためです。

A 学校の組織体制を整える

　学校としての組織づくりは，協働でのパフォーマンス評価の実践を支えます。組織づくりとして，学年や教科という単位で部会を構成することをここでは提案しておきます。そうして組織された学年会・教科会においてパフォ

ーマンス評価を検討事項に挙げ，部会として協働し，実践を作り上げていくのです。研究授業を協働で作り上げるのと同様です。

このような学年会・教科会を単位として，学校のカリキュラム改善の方針を引き受けながら，具体的な指導・評価の改善に取り組んでいきます。時には学校の方針を部会で検証し，修正していくということも考えられます。パフォーマンス評価で見られた具体的な子どもの実態をもとに，学校としての取り組みをよりよいものにつくり変えていくのです。

A 年間指導計画・学力評価計画を立てる

協働でパフォーマンス評価に取り組む際，長期的な計画を立てることが効果的です。計画としては，2017年改訂学習指導要領にも記されているような年間指導計画や，どの評価方法をどの単元で用いるのかを決める学力評価計画などが考えられます。

年間指導計画は，各教科・領域の中だけでなく，それぞれの指導内容を相互に関連づけ，教科・領域横断的な取り組みをも意識して策定します。学年・学校で協働して実践に取り組む場合，パフォーマンス課題に取り組んでいる単元が他のどの教科・領域と結びつくものであり，どのような力をつけるべき局面にあるのかということが見えやすくなります。

年間指導計画は，学校として見える形で策定することが大切です。そうすることで，学校全体として目指すべきポイントを共通理解し，連携・協働を図りながら，一貫性のある指導が行えるからです。またそれにより，経験の浅い教師もどこで何を目標とするのが重要なのかを考えて実践しやすくなります。

年間指導計画とともに，学力評価計画も策定しておくと，パフォーマンス評価にとってはさらに有効な条件が整います（第1章Q5参照）。パフォーマンス評価を用いるべき単元とそうでない単元とを共に見極め，より実行可能性に優れた連携・協働のあり方を探っていくことが重要です。

（福嶋　祐貴）

—4—

パフォーマンス評価を取り入れる際に どのような校内研修を行えばよいですか？

講師による講演を聴く

　他の校内研修と同じように，パフォーマンス評価の専門家（先進的な実践者，研究者など）を招き，講演をしてもらう形式です。全教師が聴講すれば，学校としてパフォーマンス評価に関する一定の共通理解を得ることができるものと期待されます。パフォーマンス評価の理論的背景，実践におけるポイント，最新動向などを知るのに向いていると言えるでしょう。

　しかしながら，聴講するだけでパフォーマンス評価が実践できるようになるとは限りません。聴講しただけで終わってしまうこともありえます。講演を出発点として，そこで学んだ知見をもとに校内の研究体制や計画を練り直し，実際に講演内容を活用してみる機会を設けることが大切です。

ワークショップ型研修を実施する

　実際にそれぞれの教師が手を動かしてパフォーマンス評価の考え方を試してみるという，ワークショップ形式の研修も有効です。具体的には，次のようなワークショップが考えられます。

❶パフォーマンス課題づくり

　A3判の白紙を使って，課題を作ってみる形式です。教科書を見て，単元を１つ選びます。次に白紙を４つに区切り，「本質的な問い」，「永続的理解」（「見方・考え方」），課題のシナリオ，課題文を記入する欄を作ります。その上で，その単元にはどのような「本質的な問い」を設定できるか，それに対応する「永続的理解」（「見方・考え方」）は何かを考えて，それぞれ該当する欄に書き出します。この時点でお互いのアイデアを交流してみましょう。

同じ教科でグループを組むと話し合いやすいかもしれません。

　「本質的な問い」と「永続的理解」（「見方・考え方」）に見当がついたら，課題のシナリオを考えていきます。シナリオの構成要素（第2章Q5参照）に照らすと進めやすいでしょう。最後に，課題文を完成させます。

❷ルーブリックづくり

　単元を1つ選び，その単元で過去に得られた子どもの作品（数個から20個程度）を取り上げ，質が高いと思われる順に各自で並べ替えてみます。その結果をお互いに交流し，なぜ質が高いと判断したのかをざっと書き出します。その後，各作品の特徴を明文化します。付箋を使ったルーブリックづくりを実際にやってみるのもよいでしょう（第3章Q3参照）。

A　研究授業を行う

　一般的な研究授業の形式も，パフォーマンス評価にとって重要です。研究授業をできるだけ多くの教師が参観し，実際の授業場面をもとに協議による検討を行い，改善を図っていくプロセスは，あらゆる授業に有効な研修形式であると言えるでしょう。

　この際，授業での子どもたちの姿が特に重要です。パフォーマンス課題によって子どもたちが意欲をかき立てられているか，課題の意図は伝わっているか，想定しているパフォーマンスを乗り越えるような学びは見られるか，どのようなつまずきがあるのかなどを，参観者ならではの視点で見取っていくことが大切です。パフォーマンス課題やルーブリックは，子どもの実際の学びの様子をもとに再検討され，練り直されていく必要があります。

　事後検討会としては，たとえばグループに分かれ，指導案を印刷した模造紙に付箋を貼っていくという形式が考えられます。よかったところ，改善すべきところ，改善の方向性などで付箋の色を分け，模造紙を構造化すれば，授業を改善していく具体的な手立てが見えやすくなります。

（福嶋　祐貴）

カリキュラム・マネジメントとパフォーマンス評価

— **5** —

パフォーマンス評価は大変だとして避けがちな同僚をどのように説得すればよいですか？

A まずは一つ，やりやすい単元でやってみるよう勧める

　パフォーマンス評価の考え方で授業を作っていくのは，確かに労力のかかる仕事です。課題づくり一つをとってみても，子どもにとって魅力的な課題を作るのはたやすいことではありません。そもそも，年間のすべての単元でパフォーマンス評価を行うのは現実的ではありません。

　そのため，これからパフォーマンス評価に取り組むという段階では，数ある単元のうち，自分にとってやりやすそうな単元を何か一つだけ選んでみて，少しずつじっくりやってみることをおすすめします。パフォーマンス評価を通して得られるものは確かに多いですが，だからといって初めから意気込みすぎるのは，教師にとっても子どもにとってもよくありません。まずは一つの単元だけでやってみて，手ごたえを感じたら，他の単元にもチャレンジしてみるというのがよいでしょう。

　その意味では，研究授業や公開授業など，普段以上に力を入れて授業づくりをすることになるような機会を活かすのが得策です。そうした機会にはどのみち特に時間をかけることになるため，それに合わせてパフォーマンス評価の考え方を試すようにすれば，「大変だ」という負担感も軽減されるのではないでしょうか。事後検討会などの協議の場を一緒に設けることが多いので，他の教師の声を聞き，知見を共有しやすいというのもポイントです。

　パフォーマンス評価の提唱者の一人であるウィギンズ（G. Wiggins）らは，パフォーマンス評価との向き合い方について，「忙しい教育者のどれだけが，1学年の間に毎晩グルメ料理を用意するだろうか？……私たちの中で熱心に料理する人でさえ，そんな時間やエネルギーを持ってはいない」と述べています（G. ウィギンズ・J. マクタイ著，西岡加名恵訳『理解をもたらすカリ

キュラム設計』日本標準，2012年，p.372)。その上で，「指導・助言者の支援を受けつつ，1年につき1つの『グルメ』単元を開発し集め検討し共有することを，教えるということの必要条件にしよう」と提案しています（同上）。まずは一つ取り組んでみて，成果を他の教師と共有し，次のステップにつなげていくことが大切です。

A 協働で取り組む

研究授業などでパフォーマンス評価に取り組むにしても，初めから自分だけで取り組むのは大変です。できる限り協働で行うようにして，一人一人の負担を軽減していくことが重要です。

校内の研究体制にもよりますが，研究の単位となる部会があれば，その場を活かさない手はありません。適当な部会がない場合でも，「大変だ」と感じている同僚に対しては必ず助力を惜しまないようにしましょう。協働で取り組むことは，労力を分散させるだけではなく，複数の視点を取り入れることによって学びや評価の質を高めていくことにつながります。

A 大変さに見合う大きな意義があると伝える

パフォーマンス評価は大変な面もありますが，それに必要な時間は，授業づくりにとってきわめて本質的なものです。課題づくりの過程で「本質的な問い」を明らかにすることは，単元あるいは教科・領域の本質に迫ることにつながります。教育改革の中で汎用的スキルにばかり目がいきがちになる中，教科のもつ意味を見直すきっかけになる点は，大きな意義でしょう。

また，パフォーマンス評価を通して課題の真正性を高めることで，より多くの子どもが学習に参加できます。人工的で生活とは程遠い課題から，各自の生活経験に結びつく課題に変われば，入り口において子どもの抵抗感も薄らぐものと考えられます。学習を通してより高度な認知プロセスを鍛えることができれば，その後の学習の効果も結果的に上がることでしょう。

（福嶋　祐貴）

161

— 6 —

学校として，評価の妥当性・信頼性・実行可能性をどのように高めていけるでしょうか？

A 長期的な視点を共有することで妥当性を高める

　評価の妥当性とは，評価したいものを本当に評価できているのかを問うものです。パフォーマンス評価の文脈で言えば，パフォーマンス課題が当初設定していた「本質的な問い」と「永続的理解」（「見方・考え方」）に対応するものであったか，実現したい子どものパフォーマンスを引き出せる課題であったか，ルーブリックは子どもの学びを適切に見取れるものであったかといった点を検討することが，妥当性を高めることにつながります。ルーブリックの検討を通した妥当性の高め方については第3章に譲るとして，ここでは，学校として妥当性を高める方法を2つ提案しておきます。

　一つ目は，長期的ルーブリックの共有です。長期的ルーブリックとは，長期にわたる子どもの成長を描いたルーブリックのことで，単元や学年を超えて子どもの姿を見取るために活用されます。これを共有すれば，学校として子どもたちにどのような力をつけたいのかについて共通理解を図り，それをもとにして，評価すべきものを評価できているのかどうかを学校全体で考えていくことができます。このときに，学校が設定する長期的なゴール（ミッション）を念頭に置きながら，カリキュラムの構造化と条件整備を図ることが大切です。

　二つ目は，学力評価計画の見直しです。つまり，学力評価計画が様々な目標群に適切に対応しているかどうかという点（カリキュラム適合性）を，区切りのよいタイミングで見直してみるということです。こうすることで，パフォーマンス評価に限らず，すべての評価の妥当性を高めることができるでしょう。このときにも，学校のミッションを意識することが必要です。

A 一貫した評価基準と作品例によって信頼性を高める

　評価の信頼性とは，その評価がどの程度正確に評価できるかを問う概念です。パフォーマンス評価でいうと，いつ，誰が評価しても同様の結果になるかどうかということです。これを実現すれば，教師がお互いに評価結果を比較することができるようになります。

　パフォーマンス評価では，評価の結果が評価者やタイミングによってまちまちになりがちです。これは，評価基準を共有できていなかったり，評価基準が一貫していなかったりすることで起こります。そのため，ここでもルーブリックを検討する手続きが信頼性を高めることにつながります。

　学校として，ルーブリックの各段階が描くパフォーマンスを典型的に表した作品（アンカー作品）を蓄積していくことも，信頼性を高めるのに役立ちます。パフォーマンスの質を文章で記述しているところに，具体的な作品例が添えてあれば，評価基準に対する理解がより共有しやすくなります。学年を超えて活用される長期的ルーブリックでは，教師間での共通理解が特に重要になるため，このプロセスが不可欠であると言えるでしょう。

A 計画と協力体制を整えることで実行可能性を高める

　評価の実行可能性とは，利用可能な人的・物的資源と時間の範囲内で，評価する必要のある人数の子どもを評価できるのかを問うものです。子どもの姿を的確に見極めるには教師一人で足りるのか，課題に必要な準備物は用意できるのか，想定しているコマ数で課題の提示から遂行までを十分に行うことができるのかなどの問題も，パフォーマンス評価にはつきものです。

　この問題については，学校のミッションを念頭に置きながら，指導案検討などの場で事前に単元計画や学力評価計画を十分に練っておくこと（あるいは事後に練り直すこと）や，ティーム・ティーチングなどの協力体制を確立することが肝要です。評価を盛りだくさんにしすぎて不完全燃焼に陥らないよう，じっくりとマネジメントを図りましょう。　　　　　（福嶋　祐貴）

入試・キャリア教育と
パフォーマンス評価

第
10
章

—1—

入試改革とパフォーマンス評価は どのように関係していますか？

学力の三要素を評価する入試改革が進んでいる

　日本は学歴社会であり，大学の合格実績が社会的に重要視されてきたという長い歴史をもつ一面があります。それゆえ，大学受験や高校受験は，子どもたちやその保護者，指導にあたる下級学校の教師，そして教育課程にも大きな影響を与えてきました。しかし，受験をとりまく環境は近年大きく変わりました。高等学校に続いて，大学も全入時代を迎えているとされ，受験競争の圧力は低下しています。また，卒業後に目指すべき社会においても，産業構造の変化，雇用形態の多様化，情報化，グローバル化，高齢化などの変化が急速に進んでいます。

　このような中にあって，学校教育では2007年の学校教育法改正により示された「基礎的な知識及び技能」「これらを活用して課題を解決するために必要な思考力，判断力，表現力その他の能力」「主体的に学習に取り組む態度」という学力の三要素から構成される「確かな学力」を身につけさせることが目指されています。

　一方，中央教育審議会「新しい時代にふさわしい高大接続の実現に向けた高等学校教育，大学教育，大学入学者選抜の一体的改革について（答申）」（2014年12月22日）では，小・中学校に比べて特に高等学校において知識伝達型の授業にとどまる傾向があり，学力の三要素を踏まえた指導が浸透していないことを指摘し，そこには現行の大学入試が学力の三要素に対応した学力評価を行っていないことの影響が大きいと理由づけています。こうして提案されるのが「高等学校教育，大学教育，大学入学者選抜の一体的改革」です。歴史的な反省から，大学入試が変わらなければ，高等学校以下の教育も変わらないと考えているのです。

A パフォーマンス評価重視の入試が求められている

　具体的な大学入試改革案としては，2021年1月からセンター試験に代わって実施される新たな試験「大学入学共通テスト」において問う学力について，従来型の学力としての「知識・技能」の評価も行いつつ，「思考力・判断力・表現力」を中心に評価するという方向が示されています。センター試験がマークシートを用いた「択一式問題のみ」であることに対して，記述式問題も一部新たに導入され，この点が強く意識された試験であることがアピールされています。このテストの成績に加えて，各大学は三要素の評価のための多様な評価方法の活用，すなわち「小論文，面接，集団討論，プレゼンテーション，調査書，活動報告書，大学入学希望理由書や学修計画書，資格・検定試験などの成績，各種大会等での活動や顕彰の記録，その他受験者のこれまでの努力を証明する資料などを活用すること」が求められています。

　知識・技能が中心であれば短答式や多肢選択式問題で容易に問うことができました。しかし，思考力・判断力・表現力を中心に問うことになるならば，それをより効果的に問うことができるパフォーマンス評価型の入試が時代の要請であると言えます。文科省は，私立大学の入学者の半数以上を占めている推薦・AO入試も2021年度入試からそれぞれ「学校推薦型選抜」・「総合型選抜」に変更し，多様な評価の活用をルール化して進めるとしています（文部科学省「大学入学者選抜改革について」2017年7月13日）。

　センター試験の廃止に象徴されるように，日本の入試制度が転換点にあることはおわかりいただけたと思います。しかし，センター試験だけでなく，各大学が独自に行う試験や高校入試まで本当に変わるのかどうかはわかりません（これまで何度も多様性を目指した入試改革が行われてきましたが，失敗を重ねてきた経緯もあります）。次節では，受験指導とパフォーマンス課題の関係を検討しながら，新たな入試の傾向も見ていくことにしましょう。

（次橋　秀樹）

―2―

> ### 受験準備を考えると，パフォーマンス課題どころではないと思ってしまうのですが，いかがでしょうか？

A パフォーマンス課題と受験準備が異質な学びとは限らない

　受験準備ということですから，本節では高等学校や中学校を想定します。パフォーマンス課題を単元に一つ入れるくらいなら，問題演習の時間を取り入れるほうが子どもや保護者のニーズに合っている，という考え方ももちろんあるでしょう。しかし，従来の応用問題や発展問題の例を改めて検討すれば，それはパフォーマンス課題とつながるかもしれません。

　一例を挙げます。日本史において「長崎，対馬，薩摩，松前」という4つの窓口だけを海外に開いていた江戸時代の対外関係について説明を求める問いがあります（1990年，東京大学，前期試験）。これを，東京大学の入試問題にすぎず，自分の高校では受験する生徒もいないから，授業中に考える価値はまったくない，と判断する歴史教員はいないのではないでしょうか。この問題に答えるために求められる権力・貿易・宗教などの歴史的な知識や理解は，大変本質的で重要なものだからです。

　パフォーマンス評価は，プレゼンやポスター制作・発表などの活動的な何かを評価するとは限りません。テスト用紙に記された論述式の解答であっても評価の対象となります（第10章Q1参照）。注意して見れば，小論文や各科目の入試問題からも，パフォーマンス評価のための多くのヒントや良質な問いを見つけることができるでしょう。

　パフォーマンス課題は通常，単元で学習したことのまとめの課題として位置づけられます。学習した内容を総動員して向かうことが求められるからです。とても意義のある「復習」として位置づけることもできるでしょう。つまり，毎時間の授業でこういった問いを発することが必要だということではありません。

A　変わりゆく入試にむけて，授業も変わらなければならない

　PISA調査では，日本の教育システムが優秀であることが証明される一方で，日本の高校生が「あなたの意見」を問われたとき，際立って回答率が低かったり，解答を課題文中から探そうとしているなどの誤答が見られたりすることが指摘されています。これはなぜでしょうか？

　たとえば下記の公立高校の入試問題は，知識量のみを問う従来型の学力試験には見られなかった傾向です。いわゆる応用問題や発展問題と呼ばれていた問題のように，グラフから読み取れることを判断したり，知識と結びつけたりするだけではありません。知識をもとに「あなたの考え」が求められています。国語の問題ですから，漢字や言葉の使い方も採点基準にありますが，ただ一つの正解がある問題ではありません。

六　現在，科学技術の様々な分野で研究開発が進み，私たちの生活も大きく変化してきている。あなたが感じている科学技術の発展による生活の変化を取り上げ，それについてのあなたの考えを，次の〈条件〉にしたがって書きなさい。

〈条件〉　1　題名は不要　　　2　字数は二百字以上，二百五十字以内

[筆者注：大問6のうちの一つ，100点中12点]

（2017年度秋田県公立高等学校入学者選抜　一般選抜学力検査問題「国語」より）

　大学入試に限らず，日本の入試全体が変わろうとしています。思考力・判断力・表現力がより多くの入試で試されるようになってきており，時には保護者世代が子どもだった時代には見られなかったただ一つの正解のない問題への解答が求められています。これらに対して，知識伝達型の授業だけでは十分な対応ができません。授業も変わらなければならないのです。ここにパフォーマンス評価のメリット（第1章Q8参照）を活かすことができます。

　ただし，保護者や子どもたちの中には，知識重視の入試観が根強く残っています。パフォーマンス評価を継続的に行っていくためには，保護者や子どもたちに対して，今求められている学力とはどのようなものかを伝え，理解を求めるための努力もまた必要とされているのです。　　　　　（次橋　秀樹）

——3——

キャリア教育に評価は必要でしょうか？

A キャリア教育にも評価が必要

　キャリア教育も，教育と名のつく活動である以上，成果を検証し，改善していくためにも，目標の設定とそれに対する評価が不可欠と言えます。また，子どもにとっても，自らの学習を改善していく上で評価は機能します。

　評価を行うという視点に立てば，キャリア教育においてありがちな，「職業意識を高める」や「勤労意欲を高める」といった漠然とした目標では不十分であることがわかります。藤田晃之は，「生き生きと光り輝く子ども（の育成）」や「たくましく未来を切り拓く力（の育成）」のようなスローガンをキャリア教育の目標に設定し，つまずいている学校があることを指摘した上で，「○○のような場面で○○することができる」「○○の状況において○○と発言できる」「○○について○○という認識がもてる」などの具体的な成果を前提とした目標を立てることを提言しています。このとき，「基礎的・汎用的能力」を構成する「人間関係形成・社会形成能力」「自己理解・自己管理能力」「課題対応能力」「キャリアプランニング能力」を活用することも勧めています（藤田晃之『キャリア教育基礎論』実業之日本社，2014年，pp.225-232）。

　キャリア教育では，これまでに蓄積された知識や技能をただ習得してそのまま再現できることが目標にはなりません。したがって，成果も単純な短答式テストやアンケートによる満足度調査だけで測ることはできません。また，キャリアが職業だけを意味するものではなく，「人が，生涯の中で様々な役割を果たす過程で，自らの役割の価値や自分と役割との関係を見いだしていく連なりや積み重ね」（文部科学省生涯学習政策局政策課「「社会的・職業的自立，社会・職業への円滑な移行に必要な力」について」2012年9月7日，p.1）とされ

るならば，学校では卒業後につながる形成的な評価を行うことや自己評価力を育てることも大切になります。そこで，本書でも紹介しているパフォーマンス評価の課題設定や評価方法が参考になります。

A　キャリア教育にポートフォリオ評価を用いる

　パフォーマンス評価を用いたキャリア教育の例として，京都大学の教職課程において作成が勧められるポートフォリオの例を挙げておきます（西岡加名恵・石井英真・川地亜弥子・北原琢也『教職実践演習ワークブック』ミネルヴァ書房，2013年）。教員を目指す学生たちに最初に配られる自己評価用ルーブリックには，「A．教職に求められる教養」「B．生徒理解と人間関係構築力」「C．教科内容に関する知識・技能」「D．教科等の授業づくりの力量」「E．課題探究力」の5つの観点について，6レベルの「求められる力量」が記されています。

　学生たちは，クリアファイルを用いたポートフォリオに，それぞれの観点で目標の段階に到達したことを示す成果資料を入れていきます。たとえば，Dの3レベル（教育実習前に求められる準備レベル）の記述としては「教科教育法を少なくとも一つは履修し，学習指導案の基本的な書き方を知っている。模擬授業を少なくとも1回は行い，多人数に対して話すことのイメージを把握している」とあり，このレベルに達している証拠として，指導案のファイリングが求められます。このように観点別に整理され，ファイリングされた資料の質や量によって，自分の強みや弱点に気づきます。

　ポートフォリオには，基準や収めるものを教師が示すものもあれば，子ども自身が決めるものもあります。いずれの場合も，ポートフォリオ評価法においては，教師と子どもの間で，なぜ作るのかなどの見通しの共有と，検討会を通した課題と目標の明確化，内容物の編集が求められます（第1章Q6参照）。ポートフォリオ評価法は，単にファイルを作るだけの活動ではありません。評価を前提にして設計されているからこそ，教師も子どもも学びにより自覚的になることができる仕組みなのです。　　　　　（次橋　秀樹）

171

【執筆者一覧】（執筆順）

西岡加名恵	京都大学大学院教育学研究科教授
石井　英真	京都大学大学院教育学研究科准教授
本宮裕示郎	千里金蘭大学生活科学部児童教育学科助教
徳島　祐彌	兵庫教育大学教員養成高度化センター設置準備室助教
森本　和寿	京都大学大学院教育学研究科博士後期課程， 日本学術振興会特別研究員，京都造形芸術大学非常勤講師
中西修一朗	大阪教育大学教育学部教員養成課程特任講師
次橋　秀樹	京都大学大学院教育学研究科博士後期課程， 大谷大学・関西学院大学非常勤講師
若松　大輔	京都大学大学院教育学研究科修士課程
市川　和也	京都大学大学院教育学研究科博士後期課程， 京都造形芸術大学非常勤講師
大貫　　守	愛知県立大学教育福祉学部教育発達学科講師
福嶋　祐貴	盛岡大学文学部児童教育学科助教

【編著者紹介】

西岡　加名恵（にしおか　かなえ）

京都大学大学院教育学研究科教授。日本教育方法学会常任理事，日本カリキュラム学会理事，文部科学省「育成すべき資質・能力を踏まえた教育目標・内容と評価の在り方に関する検討会」委員など。

主著に，『教科と総合学習のカリキュラム設計』（単著，図書文化，2016年），『「資質・能力」を育てるパフォーマンス評価』（編著，明治図書，2016年），『新しい教育評価入門』（共編著，有斐閣，2015年）など。

石井　英真（いしい　てるまさ）

京都大学大学院教育学研究科准教授。日本教育方法学会理事，日本カリキュラム学会理事，文部科学省「児童生徒の学習評価に関するワーキンググループ」委員など。

主著に，『今求められる学力と学びとは』（単著，日本標準，2015年），『増補版・現代アメリカにおける学力形成論の展開』（単著，東信堂，2015年），『授業改善８つのアクション』（編著，東洋館出版社，2018年）など。

Q＆Aでよくわかる！
「見方・考え方」を育てるパフォーマンス評価

2018年10月初版第1刷刊　ⓒ編著者　西　岡　加　名　恵
2019年9月初版第3刷刊　　　　　　石　井　英　真
　　　　　　　　　　　発行者　藤　原　光　政
　　　　　　　　　　　発行所　明治図書出版株式会社
　　　　　　　　　　　　　http://www.meijitosho.co.jp
　　　　　　　　　（企画）及川　誠（校正）西浦実夏
　　　〒114-0023　東京都北区滝野川7-46-1
　　　振替00160-5-151318　電話03(5907)6704
　　　　　　　　　ご注文窓口　電話03(5907)6668
＊検印省略　　　　　組版所　株式会社カシヨ

Printed in Japan　　　　　ISBN978-4-18-277918-3
もれなくクーポンがもらえる！読者アンケートはこちらから　→